경력이 없지
경험이 없나

유지윤 지음

50대 전업주부의 창업과 성공 이야기

대경북스

경력이 없지 경험이 없나

1판 1쇄 인쇄 2024년 5월 22일
1판 1쇄 발행 2024년 5월 27일

발행인 김영대
편집디자인 임나영
펴낸 곳 대경북스
등록번호 제 1-1003호
주소 서울시 강동구 천중로42길 45(길동 379-15) 2F
전화 (02)485-1988, 485-2586~87
팩스 (02)485-1488
홈페이지 http://www.dkbooks.co.kr
e-mail dkbooks@chol.com

ISBN 979-11-7168-043-6 03320

어제의 나를 보고
오늘의 나를 키우며
내일의 나를 꿈꿉니다

시작이 초라할수록 거북이처럼 가기가 수월하다.

간절하게 사람이 필요했던 시간이 있었습니다. 그러나 그때 내게는
마음 터놓고 이야기할 그 누군가가 없었습니다. 가족은 물론 친구,
친하게 지내는 지인들, 한 사람씩 떠올려 보아도 그 누구도 속시원
한 해결책을 말해 줄 수 없었습니다.

모든 것이 잘못되었다고 생각했지만 다시 시작할 엄두가 나지 않았
습니다. 방법도 몰랐습니다.

마음 속에 털어놓지 못하는 무거운 짐을 짊어지고 있으니 자연스레
우울해졌고 세상 사는 재미가 없었습니다.

이번 생은 이렇게 살다가 마치겠구나.

그런데 그렇게 하기엔 겨우 반환점을 돌았는데, 하루로 치면 겨우 점심을 먹고 한숨 돌릴 시간인데 ….

속상하고 억울했습니다.

방법을 찾아야겠는데 어디서 찾아야 할지 막막하고 그동안의 경험치가 일천한지라 세상이 두렵기만 했습니다.

그럴 때 가장 믿을 만한 친구가 생각났는데 그건 다름아닌 책이었습니다. 책은 부족한 경험을 채워 주었고, 내게 필요한 친구를 소개해 주었습니다.

세상 밖으로 나갈 수 있는 징검다리를 놓아 주기도 했구요.

오십이란 나이는 인생의 딱 중간에 서 있는 어정쩡한 나이입니다.

다시 시작하자니 그동안 살아온 세월이 다리를 붙잡고 그냥 머물러 있자니 남은 시간이 안타깝습니다.

이럴 때 책은 내게 다시 시작하려 하지 말고 다시 태어나라고 말해 주었습니다. 리셋도 아닌데 그게 가능할까 싶었지만 수많은 자기계발서들을 읽어보니 불가능한 것을 가능하게 만든 사람들이 꽤 많았습니다.

스케치북에 연필로 그림을 그리다 마음에 안 들어 지우개로 지워보면 알 수 있습니다. 깨끗이 지운다 해도 연필선이 남아있음을…. 오십의 세월도 마찬가지입니다. 지운다 해도 그동안 내 안에 쌓여있는 경험들은 남아있는 연필선처럼 알게 모르게 새로운 그림을 그리는 데 도움이 됩니다. 다시 태어나 사는 두 번째 삶이 첫 번째보다 훨씬 수월한 이유입니다.

저는 직장생활을 해 본 적 없고 사회생활 경험 또한 없는 모태 전업주부입니다.
이런 사람이 오십 넘어 할 줄 아는 것도 없는 컴맹으로 사업이란 걸 시작한다는 건 모두가 뜯어 말리는 일이었습니다.
심지어 그림도 못 그리는 똥손으로 만드는 컬러링북이라니.

그럼에도 불구하고 5년 만에 8권의 컬러링북 시리즈를 만들었습니다. 대형서점은 물론 유명 플랫폼에 입점하고 기관 납품도 많이 해서 좋은 반응을 얻었습니다.

어떻게 가능했을까요?
원대한 꿈을 갖고 시작하려 했다면 아마 시작도 못 하고 꿈만 꾸다 말았을 겁니다. 저의 시작은 초라했습니다. 여든이 넘어가면서 기억력 저하로 치매에 걸릴까 봐 걱정을 하는 친정엄마를 고객으로 생각하고 시작한 가내수공업 같은 사업이었습니다.

시작이 작고 초라했기에 큰 욕심이 없었고 어제보다 조금이라도 성장하는 것에 감동하면서 한걸음씩 걸었습니다. 나의 부족함을 알기에 모르는 것이 있으면 물어 보기를 주저하지 않았습니다. 사업 초창기 시절 도움을 주었던 마케터 윤소영 님(해피스완)에게 "저는 헬렌 켈러 같으니 설리반 선생님이 되어 달라."고 부탁을 드리기도 했습니다.

남들은 포크레인으로 굉음을 내면서 가는 중에 내 손에는 호미 하나만 들려 있습니다. 달랑 호미 하나만 들고 가는 모양새지만 포크레인은 포크레인대로의 쓰임새가 있고 호미는 호미대로의 쓰임새가 있을 거라 믿었습니다.
대신 내게는 남들에게 없는 그동안 잠자고 있던 열정과 도움을 요청하는 힘이 있었습니다.

좌충우돌 여기까지 오는 데 걸린 5년의 세월을 되돌아보니 수많은 일들이 있었습니다. 그런 제 이야기를 들려 드리고 싶은 마음에 출간을 생각했지만 몇 번이나 망설였습니다.
누가 내 얘기를 들어 주겠어? 어떤 사람이 관심을 갖겠어?
원고만 만지작거리며 시간을 보내던 중 생각했습니다.
새로운 시작을 두려워하는 사람들에게 도움을 주는 사람이 되고 싶다는 열망이 뜨거워졌습니다.
이대로 살고 싶지 않아서 밤을 지새우던 수많은 나날들, 그때 내겐 그런 사람이 없었지만 그런 사람이 되고 싶어졌습니다.

그래서 용기를 냈습니다. 사회경험 전혀 없는 오십대의 주부가 세상 밖으로 나와 지금 하나의 마디를 짓기까지의 이야기가 힘들어 하는 그 누군가에게 용기와 희망을 북돋워 줄 수 있다면 좋겠습니다.

저의 책 추천사는 다른 책의 추천사와 조금 결을 달리 합니다. 제 책을 읽어 보고 추천하는 수준을 넘어서 제 인생에 큰 전환점을 만들어 준 분들의 응원가입니다. 제 삶에 씨실과 날실이 되어 준 분들의 진심어린 추천사입니다.

세상이 아무리 살기 힘들어도 진심으로 원하고 요청하면 막막한 벽이 열 수 있는 문으로 바뀔 수 있음을 전하고 싶습니다.

우리는 모두 인생이란 회사를 경영하는 사업가입니다. 매출을 일으키는 사업이 아닐지라도 내 인생을 새롭게 시작하고 싶은 분들은 모두 1인사업가입니다. 그 중에서도 초라한 시작으로 망설이는 분들을 생각하고 책을 썼습니다.

모든 것은 사람으로 말미암고 사람으로 시작됩니다. 저와 함께 사람과 사람이 만들어내는 이야기 속으로 들어가 보실까요?

전혀 생각하지 못했던 인생 드라마의 주인공이 당신이 될 수 있습니다.

유지윤

강민호 작가

〈브랜드가 되어간다는 것〉, 〈어나더레벨〉 저자

5년 전, 북토크에서 작가님과 인연이 시작되었습니다. 북토크가 끝나고 몇 시간 뒤, 장문의 메일을 보내주셨던 일이 기억에 남습니다. 그 일을 시작으로 좋은 일이 있을 때마다 지금까지 소식을 공유해주시곤 했는데요. 이야기의 끝에 항상 저에게 감사하고 고맙다는 말을 남겨주셨습니다. 제가 직접적으로 도움을 드린 일도, 힘 내시라 다정한 말 한마디 제대로 보탠 것도 없는 것 같은데 말입니다.

지금와서 생각하면 그 인사는 중·고등학교를 가지 않은 소위 평균을 벗어난 삶에도 불구하고 열심히, 잘 살아줘서 '고맙다'라는 뜻이 담긴 저에 대한 위로와 격려가 아니었을까 생각해봅니다.

자신의 길을 치열하게 걸어갔다는 사실 하나만으로도 누군가에게 감사한 일이 될 수 있다는 것이 새삼 놀랍게 느껴집니다. 아마 이런 모든 일이 글을 쓰고 책을 내지 않았더라면 미처 누리지 못했을 순수한 삶의 기쁨 아닐까 싶습니다.

　상처입은 자만이 진정한 치유자가 될 수 있다는 역설이 있습니다. 이를 운디드 힐러(Wounded healer), '상처입은 치유자'라고 합니다.

　때로 이렇게 지나온 삶과 흉터의 의미를 글로 써 내려가는 작가의 '일'이, 다른 누군가의 상처를 돌보는 위로와 용기로 변모하는 놀라운 기적이 되기도 합니다. 역설적이지만 작가가 지나온 고난과 역경의 골이 깊을수록 독자가 얻게 되는 치유의 힘도 깊어지게 되는 것입니다.

　이 책도 그렇습니다. 여기에는 저자의 절실한 도전과 성장의 과정이 날것 그대로 담겨있습니다. 그중에서도 특히 고난과 역경의 경험을 기대와 희망의 방향으로 변화시켜 가는 과정이 인상적입니다. 저자가 지나온 시행착오의 개수만큼, 겪어온 불편과 불안의 크기만큼, 이를 보는 독자의 마음에는 '나도 할 수 있다'라는 용기와 희망을 발견할 수 있게 될 거라 생각합니다.

　　　상처입은 치유자에게 전합니다.

　　　"고맙습니다."
　　　"감사합니다."

부아c

〈부의 통찰〉, 〈부를 끌어당기는 글쓰기〉 저자

작가님의 원고를 받고, 원고를 펼친 뒤, 그 자리에서 단숨에 끝까지 읽게 되었습니다. 이 책에는 용기가 없어 망설이던 한 사람이 독서와 자기계발을 통해 세상으로 나아가는 여정이 작가의 생생한 언어로 기록되어 있습니다. 책을 읽는 내내 이런 생각이 들었습니다. '정말 솔직하게 썼다'. 덕분에 작가님이 세상으로 나아간 경험을 마치 내가 경험하는 것처럼 생생하게 체험할 수 있었습니다. 마지막 장을 덮으면서 '이 책은 곁에 두고 자주 펼쳐야겠다.'는 생각을 했습니다.

제가 좋아하는 말이 있습니다. "시간을 달리 쓰는 것, 사는 곳을 바꾸는 것, 새로운 사람을 사귀는 것, 3가지 방법이 아니면 인간을 바꿀 수 없다." 일본의 작가 오마이 겐이치의 말로 환경을 바꾸지 않으면 사람을 바꾸지 않는다는 뜻입니다.

사회 생활 경험이 없는 가정주부였던 작가님은 여러 자기계발 커뮤니티에 가입하고 활동하며 자신에게 좋은 환경을 만들어 주었습니다. 시간, 장소, 사람을 달리한 작가님은 이제 과거와는 전혀 다른 사람이 되었습니다. 책과 타인에게 배운 지식을 지식으로만 머물게 하지 않고 실행에 옮겨 자신의 것으로 만들었습니다. 이를 통해 작가님은 출판사를 운영하며 책을 쓰는 사업가이자 작가가 되었습니다.

목표가 있지만 용기가 없어서 머뭇거리시거나, 인생의 궤도를 바꿔보고 싶은 분들에게 이 책의 일독을 권합니다. 인생은 자신이 결심하고 실행한 만큼 바뀌는 법입니다. 이 책을 읽고 독자님들도 날개가 있다는 것을 알게 되었으면 좋겠습니다.

한근태 작가

성인이 되면 대부분 사람들은 분재처럼 산다.

예전 살던 방식으로 예전에 알던 사람들만 만나면서 그저 그렇게 지루한 삶을 산다.

변화할 생각을 아예 하지 않는다.

근데 이 책의 저자 유지윤은 그렇지 않다.

50넘어 변화에 성공한 사람이다.

평생 주부로 살다 우연한 기회에 세상에 나와 사업을 시작했고 책까지 썼다.

몇 년 동안 이렇게 변화하고 성장한 그녀가 진심으로 기특하다.

이 책을 읽으면서 5년 전 처음 그녀를 만나던 장면이 떠오른다.

코엑스 별마당에서 열린 대중강연이 끝난 후 자신이 참여하는 독서모임에 한번 와달라는 요청을 했는데 이상하게 거절할 수 없었다.

도저히 그런 요청을 할 사람이 아닌데 정말 어렵게 부탁을 한다는 걸 느꼈기 때문이다.

내성적인 것 같지만 의외로 사람들도 잘 모으고, 준비도 잘했다. 이후 나는 그녀와 같이 몇 가지 독서모임과 글쓰기 모임을 같이 했다.

그녀에게 내가 터닝포인트가 됐던 것처럼 내게도 그녀는 터닝포인트가 되었다.

기업 대상으로만 강연을 하던 내가 일반인 대상의 강연을 처음 하게 되었기 때문이다.

그녀의 성장은 경이로운 일이다.

근데 결코 쉽게 된 건 아니다.

수많은 독서와 도전이 밑바탕에 깔려있다.

5년 만에 이렇게 성장했는데 앞으로 5년 후에는 어떤 변화가 있을지 벌써 기대가 된다.

변화를 꿈꾸는가?

그녀에게 배우라.

차

례

NO 1.

.
.
.

꺾어진 오십 VS 다시 시작하는 오십

'적령기'란 '어떤 일을 하기에 알맞은 나이가 된 때'라는 사전적 의미를 갖고 있다. 그러면 묻고 싶다. 어떤 일을 하기에 알맞은 때라는 것은 어떤 잣대로, 누가 정하는 것인가?

지금은 아니지만 지난 날을 돌이켜 보면 '적령기'라는 단어가 가장 잘 들어맞게 쓰이는 건 결혼과 관련해서였다. 스물다섯을 전후한 결혼 적령기를 벗어나면 노처녀라는 딱지를 붙여 회생 불가능한 열등감을 심어주던 시절이었다. 나 또한 그런 굴레에서 자유롭지 못했다.

결혼 적령기를 벗어나 나이 먹는 것에 무척이나 예민하던 시절이 있었다. 여름이 지나 바람이 달라지고 귀뚜라미가 울기 시작하면 가슴도 함께 서늘해졌다. '이대로 결혼도 못하고 노처녀로 늙어가면 어떡하지?' 그게 가장 큰 고민거리였고 인생의 과제를 해결하지 못하고 있다는 불안감마저 들었다.

　　어찌 보면 이것은 예정된 결과였다. 젊은 시절의 나는 노력도 하지 않고 빈손으로 추수한 결과만 보고 속상해했다. 원하던 대학에 입학하지 못한 것은 공부를 열심히 하지 않은 탓이건만 원치 않는 대학에 들어갔다는 것만 속상해했다. 단지 운이 나쁜 탓이라고 원망만 했다.

　　입학하고 나서 버스에서 우연히 만난 고등학교 친구가 내 인생 경로를 바꾸었다. 나보다 공부를 못했던 그 친구가 좋은 대학에 들어갔다고 의기양양해하는 모습을 보면서 충동적으로 휴학계를 내고 재수를 결심했다. 처음 시작이 이러니 결과가 좋을 리 없었다. 재수 시절 내내 대학 다니는 친구들을 부러워하면서 재수생도, 대학생도 아닌 어정쩡한 1년을 보냈다. 결과는 원래 있던 자리로 컴백.

　　다시 돌아간 대학 생활이 즐거울 리 없었다. 열등감과 실패감에 젖어 공부는 뒷전이요, 그렇다고 놀지도 못하며 그저 엉망인 대학 생활을 보냈다. 그 당시의 나는 현재를 살지 못하고 과거에 얽매여 늘 뒤만 바라보면서 후회하는 모습으로 살았다.

    그런 나에게 하나의 위안이 있었다면 재수 시절 만났던 남자친구였다. 명문대생으로 이른바 킹카였던 남자친구는 열등감에 절어 있던 초라한 나를 감추어 주는 훈장이었다. 그러나 비뚤어지고 낮은 자존감으로 남자친구와 잘 지낼 리가 만무했다. 좋은 관계를 유지하기 위해서 정성껏 물을 주고 가꾸는 노력이 필요하건만 물을 주기는커녕 나를 위해 예쁜 꽃을 피워주기만 바랐다.

    그렇게 아무런 노력 없이 졸업 후 좋은 조건의 남자친구에게 무임승차할 생각만 하던 차에 폭탄선언을 듣게 되었다.

    "나 며칠 전에 소개팅했어."

    그동안 나는 무슨 자신감인지, 너와 나는 그냥 친구일 뿐이라며 선을 긋고 방치하는 걸로 갑질을 하고 있었다.

    "(시큰둥한 표정으로) 그래. 내가 그렇게 하라고 만날 그랬잖니. 어땠는데?"

    속으로 이미 정해진 답을 생각하고 있던 내게,

    "1학년인데 괜찮은 것 같아. 더 만나볼까 해."

    이게 아닌데, 내 머릿속은 하얘졌지만 말은 남의 입처럼 다른 말을 쏟아내고 있었다.

    "미쳤구나. 1학년이면 아기인데…. 너 염치도 없다."

    "…"

    "그래 잘 만나봐."

자존감 역시 한없이 낮았던 나는 자존심을 내세우며 마음속에
있는 말을 그냥 삼켰다. 그제서야 남자친구의 소중함을 깨달았지만
냉정하게 상황 파악을 하기보다는 미움과 분노로 오히려 마음에도
없는 소리를 내뱉었다.

　　졸업반이면서 취직을 생각하지 않고 있었던 건 전도유망한 좋
은 조건의 남자친구에게 무임승차할 계획을 염두에 두었기 때문이
었다. 이별의 슬픔이나 남자친구에 대한 미련보다 그에게서 얻을
수 있는 안정적인 미래를 잃은 상실감으로 졸업 후 비틀거리는 인
생이 시작되었다.
　　무임승차를 하려고 했으니 차비가 있을 리 없었다. 취직을 위해
아무런 준비도 하지 않았던 터라 현모양처가 꿈이라는 궁색한 말로
밀고 나갈 수밖에 없었다. 신랑도 없는데 신부수업을 한다면서 대
책없이 빈둥거리는 나날들이었다.

　　어느 날 친구가 전화를 걸어와 심심한데 전시회나 가자고 했다.
친척 아저씨가 초대권을 준다는 말에 귀가 솔깃해져 나갔다. 그런
데 오히려 귀 방망이를 맞는 일이 생겼다.
　　"너희 몇 살이지?"
　　"(기어들어가는 소리로) 스물다섯 살이요."
　　"스물다섯 살이면 꺾어진 오십이구나. 이제 좋은 시절 다 갔다."

처음 본 앳된 아가씨에게 웬 망발인가? 지금 생각하면 성희롱으로 고소감이었지만 그 당시에는 이런 정도의 언어폭력은 일상사였다. 파장이 되도록 팔리지 못한 생선을 바라보는 듯한 아저씨의 눈빛에 스물다섯 살 아가씨는 심각한 내상을 입었다.

1학년 후배에게 밀렸다는 생각을 떨쳐 버릴 수가 없었고, 무언가를 새로 시작하기에 이미 늦어 버렸다는 열패감에 사로잡혔다. 본 게임은 아직 시작도 안 했는데 미리 패배를 선언하고 링 밖으로 나가는 찌질한 모습이었다.

왜 그랬을까? 그때, 내 안에는 내가 없었다. 남과 비교하면서 스스로를 괴롭히니 쪼그라들어 숨도 못 쉬고 있던 내 안의 나.

배우 윤여정 님은 이렇게 말씀하셨다.

"나도 칠십이란 나이를 처음 사니 뭘 알겠어?"

칠십이란 나이를 처음 사는 것처럼 스물다섯 살의 나이도 처음 사는 건데 지레짐작으로 모든 것이 이미 결정되어 버렸다고 생각했다.

나비처럼 훨훨 날아갈 수 있는 스물다섯 살의 나이에 무거운 추를 매달고 짊어지기 힘들다고 지레 포기해 버린 것이 당시 내 모습이었다.

꺾어진 오십이던 그 때와는 달리 이제는 진짜 오십을 넘었다.

스물다섯 살 시절이 꺾어진 오십이었다면 이제 내게 오십은 인생의 반환점을 돌면서 새로 시작하는 또 다른 출발점이다. 오십 이전과 오십 이후의 나는 같은 사람이면서 다른 사람이 되었다.

"시간은 흐른다. 분명 시간은 누구에게나 공평하게 흐른다. 하지만 그와 나의 시간은 그 농도가 너무나도 달랐다."

〈이태원 클라쓰〉의 주인공 박새로이의 말처럼 오십 이전과 오십 이후의 시간은 삶의 농도마저 달라진 느낌이다.

이제부터 그 이야기를 해보려 한다.

오십대의 내가 두 번째 **스무 살**의 나에게 해 주는 이야기

생각하는 방식을 바꾼다면 우리의 인생은 얼마든지 달라질 수 있다.
같은 나이라도 꺾어진 나이로 생각하느냐 새로운 시작을 할 수 있는 출발선에 서 있는 희망찬 나이로 생각하느냐는 나 자신에게 달렸다.
내 생각 여하에 따라 내 인생 드라마는 장르가 달라진다.

| 추천하는 책 |

《**변화의 시작 5AM 클럽**》 로빈 샤르마 (한국경제신문사)

어엿한 대표가 되어 프로필 사진을 찍는
성장한 현재 모습

NO 2.

. . .

귀인과 원수는 한 끗 차이

"나를 괴롭히고 못살게 괴롭힌 이가 사실은 인간으로 만들어 준 고마운 스승이다. 적은 친구가 가르칠 수 없는 것을 가르치기에 친구보다 더 소중하다."

한근태 작가의 《역설의 역설》에 나오는 대목이다. 한참 힘들 때 이 구절을 읽으면 공감 대신 부아가 치밀었다.

'누구 염장을 지르나? 나를 인간으로 만들기 위한 스승이라고?'

그런데 정말 그 말처럼 나를 힘들게 했던 원수 덕분에 새로운 인생을 살게 되었다.

"엄마 죽으면 나도 꼭 데려가. 엄마 없이는 못 살아."

엄마 없으면 일 분 일 초도 살 수 없다던 껌딱지 딸. 불혹의 나이 마흔을 앞둔 서른아홉에 힘겹게 낳은 딸은 나의 전부였다. 하루 24시간은 딸을 위해 채워졌다. 나의 세상은 딸을 중심으로 돌아갔다. 내 삶에 나는 없고, 모든 것은 어린 딸을 위해 존재했다.

오 솔레미오! 나의 태양 같았던 딸은 개기일식으로 자취를 감추는 태양처럼 어느 날 갑자기 등을 돌렸다. 쌩하니 돌아서는 연인처럼 변심하는 데는 그 어떤 예고도 없었다. 방문은 닫혀 버렸고 하염없이 닫힌 방문 앞에서 기다리는 신세가 되었다. 더 이상 마음을 둘 곳이 없었다. 자식들을 독립시키고 빈둥지증후군으로 힘들어 한다는데 내 경우는 잘 살던 둥지에서 내몰린 심정이었다.

"내 마음 속에는 넘치도록 사랑이 많이 있는데 이젠 이걸 누구에게 주어야 하지?"

밤마다 시차가 있어 전화하기 편한 미국에 사는 친구에게 하소연을 했다. 나의 모든 것이었던 딸에게 내팽개쳐진 외로움은 갱년기와 겹쳐 몸과 마음을 피폐하게 했다.

"젖이 넘치면 젖 유모라도 해서 다른 아이라도 살릴 테지만 오십 넘은 아줌마의 넘치는 사랑은 아무도 안 원할 테니 어쩌면 좋니? 이제 와서 아이를 하나 더 낳을 수도 없고….”

친구의 위로는 위로가 되지 못하고 답 없는 현실만 더 또렷해졌다.

잠 못 이루는 밤이 이어졌다. 매일처럼 이어지는 사춘기 딸과의 전쟁 속에서 밤에는 낮보다 더 욱신거리는 상처들로 더욱 괴로웠다. 엄마의 정성을 받지 않겠다는 아이를 두고, 언젠가는 받아주지 않을까 하는 작은 희망에 마음 졸이는 서글픔과 구차함이 나를 더욱 비참하게 했다. 컴퓨터라면 리셋이라도 하겠지만 삶은 그러지를 못하니 어찌해야 하나 답답하기만 했다.

| 우리도 이런 때가 있었는데
@soobraincoloringbook

지금 생각하면 너무 미련한 엄마였다. 자식을 내 분신처럼 생각한 순간부터 예정된 결말이었거늘 성장통을 겪고 있는 딸의 치마자락을 붙들고 있는 미련함이었다.

그때 딸이 매정하게 내몰지 않았다면 아직도 딸의 언저리에서 맴도는 엄마였을 것이다. 매정하게 내쳐준 덕분에 미련했던 엄마는 홀로 서기 위해 방법을 고민하기 시작했다.

"이렇게 살다가 죽을 수는 없어. 다른 인생을 살아볼 거야."

원수의 모습을 하고 있는 귀인으로 인해 다른 곳을 쳐다볼 마음이 비로소 생겼다. 다른 세상이 조금씩 눈에 들어오기 시작했다.

> **오십대의 내가 두 번째 스무 살의 나에게 해 주는 이야기**
>
> 길을 잃어 이리저리 헤매고 다닐 때 오히려 그런 고생으로 얻는 것도 있다.
> 목적지로 직진했을 때 발견할 수 없는 의외의 좋은 곳을 발견하는 기쁨이다.
> 인생에 쓸모없는 것은 없다.
> 헤매는 도중에 선물처럼 찾아오는 보너스가 있음을 기억하자.

| 추천하는 책 |

《역설의 역설》 한근태(클라우드나인)

《모든 것은 기본에서 시작한다》 손웅정(수오서재)

NO 3.

.
.
.

다시 학교에 갑니다

"지금과 달라지고 싶다면 우선 만나는 사람부터 바꿔라!"

"자기가 만나고 있는 사람들의 평균 연봉이 자신의 몸값이다."

자기계발 강의에서 흔히 듣는 말이다. 주변 사람이 바뀌고 쓰는 시간이 바뀌면 자연스럽게 내가 바뀐다. 바뀌지 않는 가족을 억지로 바꾸려 애쓸 것이 아니라 자신을 바꾸는 것이 가장 쉬운 방법임을 새삼 깨달았다.

새로운 세상으로 가기 위해 인터넷 서핑을 하며 이리저리 돌아다니던 중에 특이한 곳을 발견했다.

'다꿈스쿨'

이름이 특이했다.

다시 꿈꾸는 학교라니…. 나를 위해 만들어진 곳 같았다.

다시 태어나려면 우선 학교부터 가야겠다는 생각과 딱 맞아떨어졌다.

둘러보니 강의를 들을 수 있고, 독서모임도 하는 것 같았다. 많은 사람들이 모여 있는 카페였는데, '닉네임'이라고 하는 이상한 이름들을 쓰고 있었다. 게다가 신청만 하면 자동 가입이 되는 것이 아니라 가입 인사를 하고 승인까지 받아야 한단다.

덜컥 겁이 났다.

'한 번 들어가면 못 나오는 덴가?'

사회 경험 전혀 없이 결혼하고 주부로만 20년 가까이 지내온 터라 새로운 세상에 대한 걱정부터 앞섰다.

'해야 하나 말아야 하나?'

교복 입고 학교 다니는 아이들 부러워하는 학교 못 다니는 아이의 심정처럼 몇 날 며칠을 인터넷 카페 언저리에서 서성거렸다.

친구들에게 이런 카페를 아냐고 물어도 원하는 답을 얻을 수 없었다. 전화로 상담이라도 받아보고 싶은데 모든 것이 온라인상에서 이루어지는 듯해 물어보고 싶어도 물어볼 곳이 없었다. 어떡하지? 고민 끝에 그냥 질러보기로 했다.

《탈무드》의 구절을 마음에 새겼다.

"이 세상에는 지나치게 많이 사용해서는 안 되는 것 세 가지가 있다. 빵을 만들 때 넣는 이스트와 소금, 그리고 망설임이다."

맞는 말이다. 망설이면 안 된다고 나에게 말했다.

까다로운 온라인 가입 절차는 컴퓨터에 익숙하지 못한 나 같은 50대에게는 커다란 벽이었다. 물 관리 차원에서 만든 진입장벽처럼 느껴졌다. "당신은 이곳에 어울리지 않아요." 이런 소리가 들려오는 듯했다. 그러면 그럴수록 들어가 보고 싶은 유혹과 두려움이 교차했다.

"망신을 당하기야 하겠어?"

"그래도 학교라는 이름을 달고 있는 곳인데 험한 꼴을 당하지는 않겠지…."

50대 아줌마의 뻔뻔함은 이럴 때 약이 되었다.

우선 닉네임부터 정해야 했다. SNS 세상도 낯설은 데다가 이름 대신이라는 아이디, 즉 닉네임은 나를 고민스럽게 만들었다. 닉네임이라면 별명이란 뜻인데, 내 별명을 닉네임으로 쓰자니 그건 너무 수치스럽다는 생각이 앞섰다. 내 별명은 어려서 앞뒤로 툭 튀어나온 이마 때문에 앞짱구, 뒷짱구, 짱구였다. 돌잔치 때 아빠의 직장 동료분이 "얘는 비가 와도 얼굴에 비는 안 맞겠네." 놀리셨다니 말이다. 툭 튀어나온 이마가 창피해서 늘 셔터처럼 앞이마를 가리고 다니게 했던 짱구라는 별명은 떼어버리고 싶은 혹이었다. 그런데 이제 와서 다시 그런 별명, 닉네임으로 불린다는 건 시작하기 전부터 입이 썼다. 별 이상한 곳도 다 있네 싶었다. 멀쩡한 이름을 놔두고 그런 걸로 부른다지? 이런 생각이 당시 나의 현주소였다.

가만 있자. 그런데 다른 사람들의 닉네임을 보니 무언가 이상했다. 이 학교의 교장인 듯한 사람의 닉네임이 청울림이었다. '청울림?' 대학가요제 출신 그룹사운드 산울림은 아는데 청울림이라는 것도 있었나? 어찌됐든 닉네임이 꼭 필요하다니 딸의 영어 유치원 이름을 살짝 바꾸어 급조했다. 그렇게 '꼬끼오알리샤'라는 어설픈 이름표를 달고 새로운 세상으로 한 발짝 내딛었다.

카페 가입 신청서를 쓰고 승인되었다는 메시지를 받으니 대단한 입학 허가서라도 받은 양 기쁘기 그지없었다. 당장 글을 써서 올려보고 싶은 마음이 굴뚝같았다. 떨리는 마음으로 밤새 글을 써서 겨우 올렸다. 사실 인터넷상에서 글을 쓰는 것도, 글을 올리는 것도 내게는 힘든 과제였다.

'내 글에도 댓글이라는 게 달릴까?' 기다리는 마음으로 다음 날 카페에 들어갔는데 이게 웬걸? 스태프라는 분의 메시지가 와 있었다.

'처음 가입해서 글 올렸다고 칭찬해 주는 건가 보네.' 기대하는 마음으로 열어보았다.

"이런 식으로 쓰시면 안 됩니다. 글은 삭제하고 또 이런 일이 반복되면…." 엄중한 경고의 메시지였다(지금도 그때 내가 무슨 잘못을 했는지 모르고 있다).

띠옹~! 놀라서 심장이 벌렁벌렁했다. 내가 무슨 큰 잘못을 한 걸까? 올렸던 글을 바로 삭제하고 한동안 카페 근처에는 얼씬도 하지 않았다. 그렇게 시간이 흘러 해가 바뀌며 나이를 한 살 또 먹었다.

첫 도전에서 물을 먹은지라 "맞아. 내가 지금 이 나이에 무슨 새로운 인생을 살 수 있겠어? 그냥 살던 대로 살면 되지." 자포자기하는 마음으로 있던 자리로 돌아와 책만 열심히 읽으며 지냈다. 그런데 책을 읽으면 읽을수록 예전과는 달리 혼자서 책만 읽는 것이 싫어졌다. 독서모임에 나가 사람들과 책 이야기를 나누면서 교류를 하고 싶은 마음이 굴뚝의 연기처럼 피어 올랐다. 아내도 엄마도 아닌 나 유지윤으로 목소리를 내고 싶었다.

결국 욕망이 두려움을 이겨냈다. '이제 글 같은 것 올리지 말고 구경만 해야지.'하고 다시 카페에 들어가 눈팅을 했다. 그러던 중 독서모임 모집 글을 보게 되었다. 다과를 먹으면서 책 이야기를 나누는 화기애애한 독서모임 사진을 보니 당장 그 자리에 합석하고 싶었다.

나를 모르는 사람들의 세계 속으로 들어간다면 다른 인생을 살아볼 수 있지 않을까 하는 작은 기대감도 생겼다. 참여하고 싶은 마음 한켠에는 또 불청객처럼 뻘쭘해지는 게 아닐까 하는 두려움이 고개를 쳐들어 기대감과 두려움 사이에서 갈등했다.

어느 날 벼랑 끝에 내몰리는 심정에 눈물 바람으로 잠 못 이루는 밤이 찾아왔다. 잠을 못 이루던 끝에 '이보다 더 나쁜 일이 뭐가 있겠어? 에라 모르겠다.'는 심정으로 독서모임에 신청서를 제출했다.

갈등 끝에 선택한 클릭 한 번이 내 인생을 바꾸게 될 줄은 그때는 전혀 몰랐다. 앞으로 펼쳐질 나의 인생역전을….

지금도 생각난다. 떨리는 마음으로 조금은 주눅든 표정으로 독서모임에 처음 갔던 날. 강의장 계단을 오를 때 쿵쾅거리던 심장 소리. 세상 밖을 향한 나의 발걸음은 그렇게 요란한 심장 소리와 함께 시작되었다.

독자들께서는 그까짓 독서모임 하나 참석하는 게 뭐 그리 대단한 도전이라고 유난을 떠냐고 생각할 수 있다. 그러나 오십 넘도록 사회 경험 전혀 없이 엄마라는 역할에 혼신을 다하다 느닷없이 구조

조정 당한 이에게 새로운 도전은 쉬운 일이 아니었다. 나이가 들면 들수록 새로운 것에 도전하는 일은 점점 더 어려워지는 법이니까.

이제 와서 생각해 보면 그때 그런 용기를 낼 수 있었던 것은 수많은 자기계발서 덕분이 아닐까 싶다. 책을 통해 접한 성공한 사람들에게는 한 가지 공통점이 있었다. 한결같이 자기가 발을 딛고 있는 곳에서 미지의 땅으로 도전의 발걸음을 옮겼다는 것이다.

그들 또한 첫 발걸음을 뗄 당시에는 무척이나 떨리는 마음이었다고 고백했다. 겉으로 보기에 태생부터 성공의 유전자를 갖고 태어났을 것 같은 그들 역시 너나 할 것 없이 두근대는 심장을 가지고 있었다고 입을 모아 이야기하니 나 역시 도전해 보아야겠다는 자신감이 싹텄다.

태아가 세상 밖으로 나오는 데는 상상 이상의 도전이 필요하다고 한다. 하물며 이미 반백년을 살던 중 다시 태어나려면 이 정도의 도전은 당연했다. 자연스럽게 의지가 내 안에서 생기기 시작했다.

다시 태어나고 싶다면 내 삶을 리모델링이 아니라 재건축해야 한다.

인테리어는 돈만 있으면 언제든지 할 수 있지만, 재건축은 복잡한 과정과 외적인 요인을 아우르는 시간과 계획이 필요하다. 게다가 원활한 재건축을 방해하는 세력과의 싸움도 불가피하다.

그만한 도전과 수고도 없이 새로 지어진 근사한 집에 들어가 살겠다는 것은 욕심이다.

| 추천하는 책 |

《어나더레벨》 강민호(턴어라운드)

NO 4.

. . .

내 이름은 꼬알여사

"어머 저 펭귄은 핑크야. 눈에 확 띈다."

"저기 보여? 보랏빛 소가 있어!"

핑크 펭귄과 보랏빛 소의 이미지를 떠올려 보자. 어떤 생각이 드는가? 무리 속에 아무리 숨어 있으려 해도 의지와는 상관없이 저 멀리서도 눈에 띄는 존재다.

새로운 삶의 여정을 시작하면서 연료를 채우듯 치열하게 독서를 했다. 그러던 중 읽게 된 두 권의 책이 빌 비숍의 《핑크펭귄》과 세스 고딘의 《보랏빛 소가 온다》였다. 완전히 새롭고 전혀 다른 무언가가 되라는 메시지를 담은 마케팅계의 스테디셀러다.

늦은 나이에 결혼을 하고 마흔을 앞둔 서른아홉에 첫 아이를 낳으면서 나도 모르게 핑크펭귄이 되었다. 유산 우려가 있어 한달 간 입원 생활을 하는 중에, 수많은 산모들이 입퇴원을 하며 물갈이가 되는 가운데서도 왕언니 자리를 놓치는 법이 없었다. 지금은 마흔 넘어 초산을 하는 엄마들이 흔하지만 2000년대 초반만 해도 마흔을 넘긴 초산 산모는 극히 드물었다. 36살의 신부에서 39살의 산모, 이렇게 겉만 핑크펭귄이 되어버렸다.

입원해 있는 내내 단지 나이가 많다는 이유로 궁금증의 대상이 되었고 피곤한 질문에 시달렸다. "왜 그렇게 아이가 늦었는지?" "입원은 무슨 이유로 했는지?" "노산이어서 무슨 문제는 없는지?" 산모의 보호자 어머니들은 왜 그리 궁금한 게 많으신지 내내 질문을 쏟아냈다. 나 역시 초산에 임신 초기 임산부에 불과한데 말이다. "나이 많은 게 무슨 죄인가요? 겁나고 두렵기는 내가 더해요." 이렇게 말해주고 싶었다.

나는 천성적으로 남 앞에 나서는 것을 두려워한다. 극강의 MBTI 'I'형, 내향성 인간이다. 학교 다니던 시절 줄반장도 해본 적이 없고, 남 앞에 나서서 하는 발표도 해본 적이 없다. 차라리 벌을 서면 섰지 남 앞에 서서 무언가를 한다는 건 감히 꿈도 꾸지 못했다. 집안에서만 재잘재잘 수다쟁이에다 말 잘하는 변호사였지, 집 밖에만 나서면 꿀먹은 벙어리, 한없이 작아지는 종이 호랑이였다.

그러던 내가 의지와는 상관없이 남들의 궁금증 대상이 되니 마음이 내내 불편했다. 마흔을 앞둔 노산 산모 시절부터 시작된 핑크 펭귄의 색깔은 점점 더 진해졌다. 아이와 함께 어울리는 엄마들 사이에서도 왕언니 자리를 놓쳐본 적이 없었다. 막내로 자라 언니라는 소리 듣는 것이 소원이었지만 막상 언니라는 소리를 귀에 딱지가 않도록 들으니 '내가 언제 이리 많은 동생을 두었나?'하고 낯설음이 밀려왔다. 내가 있는 자리가 내내 불편했다.

이토록 특별함을 불편해했던 내가 스스로 젊은 친구들만 득실대는 자기계발의 세계로 제 발로 걸어 들어갔다는 것은 지금 생각해도 놀랄만한 도전이었다.

처음 독서모임에 갔을 때 그룹별로 책 이야기를 나누는 것까지는 좋았다. 그룹에서 한 명씩 대표를 뽑아 무대에 올라 발표를 해야 한다는 이야기를 듣고 다시 집으로 돌아가고 싶었다. 하지만 그런 걱정은 기우에 불과했다. 무대에 올라 발표할 사람은 차고 넘쳤다.

집으로 돌아오면서 '왜 나는 발표도 못 하고 바보같이 굴었을까?'하며 속상해했다. 그것도 한참 어린 친구들 앞에서 꿔다 놓은 보릿자루처럼 앉아있던 모습이 부끄럽기까지 했다. '그들이 나를 어떻게 생각할까? 집에 가만히 있으면 중간이나 가지, 쓸데없이 그런데 가서 망신이야!' 그런데 자책이 드는 와중에도 즐거운 마음이 들었다. 묘한 감정이었다.

아마 그들은 내게 일도 관심이 없었을 것이다. 단지 '저 사람은 여기 왜 왔을까?' 신기하다는 느낌 정도? 겉보기는 핑크펭귄이었지만 존재감은 투명인간이었다. 핑크펭귄과 투명인간 사이를 오가는 어색함 속에서도 강의장 자리를 굳건하게 지켰다.

마음이 불편하지만 한편으로는 편하고 즐거웠다. 여기서는 아무도 나를 모른다는 생각 때문이었다. 익명성이 이렇게 편할 줄이야. 나를 모르는 사람들 속에 있으니 신분 세탁을 하고 새로운 인생을 시작할 수 있을 것 같았다. 그들과 나는 애초 비교의 대상이 아니었기에 표정 관리하며 불필요한 에너지를 낭비할 필요가 없었다. 가면을 벗고 민낯 그대로의 모습으로 있으니 그곳이 점점 편해졌다. 그곳에 들어서면 새로운 사람이 되는 것 같은 설렘이 있었다.

그렇게 조금씩 새로운 세상에 적응해 나갔다. 남들의 시선에서 자유로워져 사람들을 관찰하는 재미도 있었다. 애초에 비교와 경쟁의 대상이 아니니 상대의 좋은 점만 볼 수 있었다. 매일 밤 잠자리에 들면서 한 명씩 마음에 드는 상대에게 빙의해 다른 삶을 꿈꾸어 보았다. 비록 꿈속이지만 십여 년 전으로 시계를 돌려 다시 살아보는 재미에 빠져들었다.

게다가 나이 차가 많다 보니 모르는 것을 물어보기도 편했다. 어차피 수준 차이가 많이 나니 창피하고 말 것도 없었다.

이렇게 신분세탁이 시작되었다. 이전의 내가 아니었다. 매일 조금씩 달라졌다. 식구들은 느끼지 못하지만 나는 분명 느낄 수 있었다. 짜릿했다.

새로운 이름도 얻었다.

좋은 생각을 꼬집어 알려주는 꼬알여사.

꼬알여사라는 새로운 이름으로 새로운 삶이 시작되었다.

오십대의 내가 두 번째 스무 살의 나에게 해 주는 이야기

주변 사람들의 이목이 신경쓰이며 사는 게 힘들 때는 내가 발을 딛고 있는 세상을 바꾸어 보자. 만나는 사람을 바꾸는 것만으로도 새로움이 시작된다.
나를 아는 이가 없는 새로운 세상은 마음 편히 새 출발을 하는 데 도움이 된다.

| 추천하는 책 |

《핑크펭귄》 빌 비숍(스노우폭스)

《배민다움》 홍성태(북스톤)

NO 5.

. . .

이 없으면 잇몸

'내일 발표를 해야 하는 데 PPT 작업을 못 하니 어쩌면 좋지?'

'나 혼자 하고 마는 거라면 망쳐도 그만이지만 팀 발표인데 나 때문에 피해를 주면 어쩌나?'

며칠째 PPT 발표를 생각하면서 끙끙거렸다. 자기계발에 한참 열심이던 중에 다꿈스쿨 〈지구여행〉 프로젝트에 선발되었다. 이루고 싶은 목표를 정하고 1년간 함께 레이스를 펼치는 자기계발의 끝판왕 같은 프로젝트였다. 수많은 참가자 중에서 당당하게 선정되는 기쁨도 잠시, 크나큰 난관이 나를 기다리고 있었다.

발표는 PPT로 해야 하는 데, 그 당연한 파워포인트를 다룰 줄 몰랐다. 당시 파워포인트, 엑셀은 물론 내가 할 줄 아는 컴퓨터 스킬은 하나도 없었다. 컴맹인지라 이제 겨우 블로그에 글을 적고 링크를 거는 것이 전부였다.

"○○님 글이 이렇게 파랗게 변해있는 건 뭐에요?"
"꼬알여사님, 정말 이거 모르시는 거에요?"
"네. 강조하려고 색깔을 달리 한 건가 싶어서요."
"이건 링크를 건 거에요. 정말 이것도 모르시는 거에요?"
그때 내게 링크 거는 것을 가르쳐 주었던 동기는 솔직히 깜짝 놀랐단 이야기를 훗날 들려주었다.

이것 말고도 컴맹의 에피소드가 또 있다.
강의를 신청하는데 블로그에 비밀댓글로 신상정보를 적으라고 했다. 비밀댓글을 달기 위해 자물쇠 표시 이모티콘을 누르고 글을 썼다. 근데 웬걸? 다른 사람들처럼 글이 안 보여야 하는 데 내 글은 내 눈에 계속 보이는 게 아닌가? 이상해서 물어 보았다.
"○○님, 비밀댓글이 저는 안 달아져요."
"그럴리가요?"
"자물쇠 표시를 누르고 썼는데도 계속 보여요."
"하하하, 본인한테는 보여야죠."

이처럼 링크거는 것, 비밀댓글 다는 것조차 몰랐던 나에게 PPT는 감히 오를 시도도 못하게 만드는 거대한 산맥이었다. 어떻게든 배워 보려고 온라인 강의를 신청해 들어보기도 했지만 강사의 설명이 외계어 같아 전혀 이해를 할 수 없었다. 이론이 끝나고 실습할 때면 멍하니 있다 중간에 몰래 나오기 일쑤였다.

숱한 도전에도 불구하고 컴퓨터 실력은 제자리 걸음만 반복했다. 배우고 돌아서면 바로 잊어버리는 불치병이었다. 다른 동기들은 멋진 PPT 장표를 만들어 발표를 할 텐데 나에게는 꿈같은 이야기였다.

벼락치기로 될 일도 아니고 속이 바짝바짝 타들어갔다. 어쩌면 좋나? 속을 태운다고 해결될 일이 아니었다. 이 없으면 잇몸으로, 정면 돌파하기로 했다. 스케치북에 커다란 손글씨로 장표를 만들었다. 손글씨 장표로 몇 번씩 연습을 했다.

불면의 시간 속에 아침이 밝았다. 모래 씹는 것 같은 아침을 겨우 먹고 강의장으로 향했다. 팀의 리더에게 기어들어가는 소리로 사정을 이야기했다.

"괜찮아요."

리더는 쉽게 이야기했지만 말하는 당사자의 부끄러움은 이루 말할 수 없이 컸다. 당당히 꺼내지 못하는 준비해온 스케치북 장표를 만지작거리기만 했다. 그동안 열심히 해 왔다고 생각했건만, 젊은 친구들에게 당연한 것도 못하는 내가 앞으로 무엇을 해 나갈 수 있을까 하는 자괴감에 마음이 흔들렸다.

리더는 차라리 먼저 해버리는 게 마음이 편하지 않겠냐며 맨 먼저 발표하는 순서로 배려해 주었다. 너무 고마웠다. 다른 사람들 멋진 발표를 보면서 속이 까맣게 타들어가 재가 될 뻔했는데 말이다.

드디어 스케치북 장표를 들고 무대에 섰다. 아직까지도 남 앞에 서는 게 떨리는 데 이렇게 초라한 모습으로 서려니 떨리다 못해 마음이 울컥했다.

PPT로 준비를 못 하고 스케치북에 장표를 만들 수밖에 없었던 사정 이야기부터 시작했다. 목소리가 떨리면서 눈물이 맺혔다. 처음 시작은 부끄러운 마음에 위축되고 떨렸지만, 발표를 시작하면서 오히려 마음이 차분해졌다. 그것은 나를 바라보는 청중들의 눈빛 덕분이었다. 진심으로 나를 이해해주는 마음이 오롯이 느껴졌다. 역시 진심은 통하는구나. 그렇게 특별한 발표를 마쳤다.

어찌어찌해서 넘어갔다는 안도감에 "휴~~!"한숨을 돌리는데 많은 분들의 칭찬과 격려가 이어졌다. 그 어떤 발표보다 감동적이었다는 이야기였다. 그리고 수많은 격려의 편지를 받았다.

포크레인으로 힘차게 자기의 길을 만들어 가는 동기들에 비해 손에 호미 하나 달랑 들고 있는 것이 내 모습이었다. 호미 삽질 삼매경. 다른 이들은 쉽게 쭉쭉 해 나갔지만, 나는 힘겹게 손에 피가 맺히도록 여러 번 호미질을 해야 겨우 할 수 있었다. 나이는 숫자에 불과하다지만 그럴 때마다 짓누르는 나이의 무게감을 느꼈다. "당신의 불행은 언젠가 잘못 쓴 시간의 복수다."라는 말처럼 지금의 어눌함은 그동안 허송세월하면서 보낸 세월 탓임에도 나이 탓만 했다.

그때마다 포기하고 싶은 마음이 굴뚝같았다.
'송충이는 솔잎을 먹어야지 갈잎을 먹으면 죽는다는데 이 나이에 괜시리 갈잎을 먹으려고 설치다 골로 가는 수가 있어.' 포기하고 싶은 마음을 위로해 주는 척 또 다른 내가 다정하게 속삭였다.

영화 〈박하사탕〉에서 설경구는 "나 돌아갈래!"하고 외쳤지만 절대로 이전의 우울했던 시절의 나로 돌아가고 싶지 않았다.
드라마 〈미생〉에서 장그래가 생각났다.
"스물여섯 먹을 동안 도대체 뭘 하고 살았길래 할 줄 아는 게 하나도 없네요."
이런 빈정거림을 들었지만 결국은 해낸 장그래가 용기를 주었다.
"길이란 걷는 것이 아니라 걸으면서 나아가기 위한 것이에요. 여기서 나아가지 못한다면 길이 아니지요. 길이 모두에게 열려 있는 듯하지만 모두가 그 길을 가질 수 없는 이유입니다."

머뭇거리고 있는 나를 바라보면서 장그래가 나의 길을 가라고 이야기해 주는 것 같았다.

마음이 힘들어지는 순간은 밀려오는 파도처럼 계속해서 찾아왔다. 그럴 때마다 자기계발서를 읽고 또 읽었다. 뻔한 이야기만 반복된다고 자기계발서를 싫어하는 이도 있지만, 나에게는 누운 소를 벌떡 일으켜 세운다는 싱싱한 낙지와 같았다. 나보다 더 힘든 상황을 이겨낸 수많은 인생 도전기를 읽으며 나도 할 수 있다는 의지를 다졌다. 오래된 휴대폰의 배터리처럼 꺼지기 일보직전일 때마다 자기계발서를 한 줄이라도 읽으면 다시 충전이 됐다. 나도 나중에 다른 이들에게 용기와 희망의 아이콘이 되어야겠다는 다짐을 할 수 있었다. 나 스스로 빛을 모아 언젠가는 빛나는 별이 되어 칠흑처럼 어두운 시간을 지나고 있는 많은 이들에게 빛을 비추어주는 그런 존재가 되고 싶었다.

아직도 컴맹 신세는 극복하지 못했다. 배우겠다는 열정 하나는 남달라서 수도 없이 도전하지만 입력은커녕 튕겨 나가는 것처럼 내 것으로 만들지 못한다. 하워드 가드너가 말한 다중지능이론에 비추어 볼 때 아마도 내게는 논리수학지능과 공간지능은 거의 없는 것이 아닌가 싶다. 그러나 앞으로 우리가 살아갈 시대는 디지털을 모르고는 살아가는 것이 불가능하다. 갤럽강점코칭에서는 강점은 훈

련하고 약점은 관리하라고 한다. 약점이 성장의 발목을 잡지 않게 현명하게 관리해야 한다.

남들처럼 빨리 익히지 못하고 능숙하게 하기 힘들더라도 바위에 글을 새기는 심정으로 포기하지 않고 매일 하다 보면 어느새 희미한 글씨가 새겨지는 날이 오지 않을까? 뇌는 그동안 안 하던 새로운 것을 할 때 활성화되고 좋아진다니 디지털 문맹을 벗어나려는 노력으로 오히려 뇌가 건강해지리라 믿는다.

우리나라 패션의 산증인 노라노 여사는 《노라노 열정을 디자인하다》에서 이렇게 말했다.

"사람의 운명은 순간에 결정된다. 그러나 그 순간이라는 것은 그동안 묵묵히 해 온 시간이 있었기 때문에 발현될 수 있는 순간이다. 묵묵히 하고 있는 것을 지켜본 귀인이 운을 데리고 온다."

앞으로 내가 살게 될 100세 시대 디지털 세상에서 고군분투하는 내 모습을 지켜본 귀인이 어떤 운을 데리고 올지 기대된다.

행운은 하늘에서 뚝 떨어지는 것이 아니다. 행운은 내가 만드는 것이다. 사람의 운명은 순간적으로 결정되고 그것이 행운이라고 사람들은 말하지만 그건 아닌 듯싶다.

그동안 묵묵히 해 온 시간들이 켜켜이 쌓여 그것이 자석처럼 운을 불러들였기 때문이라 생각한다.

하늘이 귀여워하고 도와줘야겠다고 손을 내미는 사람이 되는 것이 행운의 시작이다.

| 추천하는 책 |

《운을 읽는 변호사》 니시나카 쓰토무(알투스)

NO 6.

．
．
．

엄마, 3년만 도와주세요

처음 나간 독서모임에서 자리 운이 있었다. 지금은 유명한 인플루언서가 된 그들과 한 조가 되었다. 그렇게 알게 모르게 운이 찾아왔다.

당시는 그들도 점프업을 앞둔 초보 시절이었다. 범상치 않은 아우라가 느껴지는 그들의 이야기를 듣던 중에 공통점을 발견했다. '자혁캠' 출신이라는 것. 도대체 그것이 무엇인지 궁금했다. 묻지도 따지지도 않고 일단 해보기로 했다. 성공하려면 나보다 앞서 성공한 사람들을 따라 하라고 했는데, 왠지 그들이 모두 했다면 그걸 따라 해야 할 것 같았다.

나의 변화는 이름처럼 혁명으로 시작되었다.

그때 함께 했던 동기가 말한다.

"이제 와서 말이지만 그때 얼굴이 너무 어두워서 말 붙이기도 힘들었어요."

정말 그랬다. 그 당시 늘 우울했고 사람들과 어울리는 것이 힘들었다. 밤에 잠을 못 이루고 뒤척이다 아침 늦게 겨우 몸을 일으켰기에 새벽 기상이라는 미션은 정말 힘든 도전이었다.

간절했기에 매일 새벽 기상을 실천했다. 새벽에 일어나 산책을 나가면서 그 시간에 그렇게 많은 사람들이 활동을 시작하고 있다는 사실에 깜짝 놀랐다. 내가 모르는 세상이 이렇게 많았다니, 나이만 많았지 어린아이나 마찬가지였던 것이다.

새벽에 일어나 산책과 독서를 하고 블로그에 내 삶의 기록을 해 나가면서 조금씩 변화가 시작되었다. 세상이 뒤집히는 혁명은 아니었지만 내 안에서 혁명이 시작되고 있음이 분명했다. 사는 것이 지긋지긋하지만 아이를 위해서 생존해야만 한다고 생각하던 시간들이었는데, 이젠 살아내는 삶에서 주도적인 삶으로 조금씩 달라지고 있었다.

가랑비에 옷이 젖는다고 조금씩 습관으로 자리잡기 시작했다. 함께하는 나이 어린 동기들을 보면서 부러운 마음이 들었다. 나도 십

년만 젊었더라면…. 그동안 속만 태우면서 허송세월한 시간들이 너무 아쉬웠다. 그렇다고 더 이상 부러워만 하고 있을 시간은 없었다.

2배속, 3배속으로 허송세월한 시간을 벌충해야 할 것 같아 나도 모르게 무리를 했다. 태생부터 저질 체력에다 나이도 만만치 않은 오십대가 자신을 너무도 몰랐던 것이다. 기초체력도 없이 새벽부터 일어나 밤늦게까지 설쳐대다 보니 덜컥 몸에 탈이 났다. 그러나 이대로 멈출 수는 없었다. 나약하기만 했던 내게 어디서 그런 놀라운 정신력이 숨어 있었는지 지금 생각해도 간절함이란 표현 말고는 설명이 되지 않는다.

이제는 다시 예전의 생활로는 돌아갈 수 없었다. 아사 직전 사람의 콧속으로 스며드는 밥 짓는 냄새처럼 자기계발의 세계는 강렬한 유혹이었다. 드라마를 보면서 느끼는 대리만족이 아니라 나 스스로 새로운 인생의 주인공이 되고 싶어졌다.

몇 번째 강의였던가? 강사는 내게 자신의 꿈을 적어 보라고 했다. 하지만 내게는 꿈이 없었다. 오직 딸이 좋은 대학에 들어가는 것 정도…. 잘 나가는 딸을 위해 서포트 잘하는 엄마의 꿈을 적어낸 내게 강사는 말했다.

"남의 꿈이 아니라 본인의 꿈을 한번 적어 보세요."

"나의 꿈이요?"

'이 나이에 꿈을 꾸는 것이 가당키나 한 일일까?' 헛웃음이 나왔지만 강사의 말은 날카로운 도끼가 되어 사정없이 찍는 자극이 되었다.

그날 이후 엄마로서의 꿈이 아니라 나 유지윤의 꿈을 진지하게 생각해 보았다.

'나는 무엇이 되고 싶지?'

'내가 잘 할 수 있는 건 무엇일까?'

꿈을 이루기 위해선 실행으로 옮기는 시간이 필요했다. 하는 둥 마는 둥 하면서 보내는 시간이 아니라 절대적으로 몰입하는 시간이 필요한 것이다. 아직까지 아이에게 손이 많이 가는 시기였기에 그렇게 하려면 누군가의 전폭적인 지지와 지원이 필요했다. 나를 지지해주고 지원해줄 수 있는 사람은 엄마밖에 없었다.

그 무렵 나는 친정엄마를 모시고 살았다. 혼자 사는 것에 외로움을 느끼고 식사 챙기며 홀로 지내는 것이 버거워 딸네 가족과 합거를 한 엄마였다. 보살핌이 필요한 엄마에게 오히려 내 딸을 부탁하며 밀어달라니 엄마는 얼마나 당황스러웠을까?

"엄마 나 이대로 살다가 죽기는 싫어. 후회 속에 살기는 억울해. 내 힘으로 새롭게 인생을 살아보고 싶어."

그동안 말만 했지 늘 작심삼일이었던 딸이 못 미더웠던 엄마는 시큰둥한 목소리로 물었다.

"그럼 얼마 동안 하면 되는데?"

"공부하고 변하려면 3년은 걸릴 것 같아."

엄마의 눈동자가 흔들리고 얼굴이 어두워졌다.

"뭐라고 3년? 3년이면 내 나이가 몇인데…. 너 도와주다가 죽을 날이 가까워지겠다."

엄마에게 3년만 도와달라고 말을 하는데 설움에 울음이 북받쳤다. 3년 안에 성공할 테니 그동안만 엄마 스스로 잘 지내달라고 손을 잡고 부탁드렸다. 솔직히 내 딸을 맡긴다기보다는 합거한 엄마 스스로 잘 지내 주시기를 바라는 마음이었다. 이제 와서 합거한 엄마랑 분가할 수도 없는 노릇이니 엄마의 협조가 절대적으로 필요했다. 딸의 간절한 호소에 엄마는 처음 반응과 달리 말씀하셨다.

"나야 그렇다치고, 너는 주부인데 살림을 해야지. 아이 좋은 대학 보내려고 멀쩡한 의사도 집안에 들어 앉는다는데 지금까지 아무 일도 안 하던 네가 밖으로 나선다는 게 말이 되니?"

엄마는 이제 본인은 감내하겠지만 딸아이 문제를 들고 나오면서 답답한 소리를 하셨다. 부정적인 소리만 연신 해대는 엄마에게 내 안의 나는 절규하고 있었다.

'내 삶을 결정하는 사람은 나야. 누구의 허락도 필요없어.'

엄마의 긍정적인 대답을 얻지 못한 채 스스로 다짐했다.

'엄마가 도와주지 않는다고 해도 나는 시작할 거야. 나는 해내고 말 거야.'

불안해하는 엄마를 뒤로 하고 새로운 삶을 향한 배에 돛을 올렸다. "배는 항구에 정박해 있으라고 만든 것이 아니라 저 넓은 바다로 항해하라고 만들어진 것이다."는 마크 트웨인의 말을 끊임없이 되뇌었다. 일단 칼을 뽑았으니 무라도 썰어야 했다. 아무도 응원해주는 사람 없이 망망대해로 나서는 마음은 정말 무거웠다.

이 책을 쓰는 지금 그때로부터 5년 가까운 시간이 흘렀다. 엄마에게 약속했던 3년 뒤의 성공은 아직 이루지 못했지만 그때 주저하면서 시간을 보냈더라면 과연 어떻게 되었을까? 칼을 뽑았으니 무라도 썰겠다는 다소 무모한 용기 덕분에 지금의 내 모습이 되었다.

이 세상에 열 수 없는 자물쇠는 없다. 빌 게이츠는 망치를 든 사람의 눈에는 못만 보이고 열쇠를 가진 사람의 눈에는 자물쇠만 보인다고 했다. 이 세상에 내가 열 수 있는 자물쇠가 얼마나 있을까? 절대 열 수 없다고 생각했던 꽁꽁 잠긴 자물쇠들이 이제는 도전 과제로 보인다.

매번 새로 출간되는 컬러링북은 엄마에게 가장 먼저 드린다.
"엄마, 내가 이만큼 올 수 있었던 것은 모두가 엄마 덕분이에요."
"네가 그렇게 생각해 준다니 나 또한 너무 기쁘다. 네가 성공하는 데 내가 큰 도움이 되었다니 이보다 더 좋은 일이 어디 있겠니?"

엄마는 사업가로 변신한 딸을 보고 실버타운으로 독립해 나가셨고, 사춘기 광풍으로 나를 광야로 내몰았던 딸은 대학생이 되었다. 모두가 자기 자리에서 잘 살아간다. 내가 없어도 세상은 잘도 돌아간다. 내가 없으면 어쩌나 하는 걱정은 쓸데없었다.

오십대의 내가 **두 번째 스무 살**의 나에게 해 주는 이야기

김승호 회장의 《알면서도 알지 못하는 것들》 중에 "두려움을 다스릴 줄 알면 나는 내 인생의 주인이 된다. 두려움이 다시 몰려오더라도 사랑의 힘을 믿고 당당하면 언제든 두려움과 공포를 발아래 둘 수 있다."는 구절이 있다.

사랑의 힘은 실로 크다. 나를 집어삼킬 것 같은 두려움이 엄습할 때는 내 성공을 바라는 이의 사랑 어린 눈빛을 기억하자. 그리고 한 걸음 내딛자.

| 추천하는 책 |
《알면서도 알지 못하는 것들》 김승호(스노우폭스)

NO 7.

. . .

거기 들어가면 큰일나요

"사업하는 집안이라는데 재력가라네요."

결혼 전에 선 자리를 주선하는 분의 이런 이야기는 귓등으로도 듣지 않았다. 내게 사업은 절대 가까이해서는 안 될 금지구역이었다. 사업으로 일군 부는 언제 허물어질지 모르는 허망한 모래성이라 생각했다. 이처럼 강력한 트라우마가 자리잡게 된 데는 평범하지 않은 어린 시절의 경험이 한몫을 톡톡히 했다.

내가 어릴 적 외가는 이북에서 내려와 사업을 일궈 자수성가한 할아버지 덕분으로 부자로 살고 있었다. 지금 구십을 바라보는 엄마가 소학교 다닐 적에 책가방을 메고 스탠드를 켜 놓고 공부했다고 하는 이야기를 들었다. 요즘으로 치면 금수저였구나 싶다. 미리 월남해 사업을 일군 할아버지 덕분에 엄마는 한국전쟁 통에 기차를 타고 부산으로 피난을 가며 고생을 모르고 사셨다. 새마을운동으로 온 국민이 허리를 질끈 동여매고 "잘 살아보세!"를 외치던 60~70년대 외가는 다른 세상을 살았던 듯싶다. 독일에서 수입해 들여온 하늘색 벤츠를 타는 할아버지, 독일에서 배로 실어 온 피아노를 치는 이모, 팔당에 있는 별장에서 수영하며 고기를 구워 먹는 가족들의 모습이 어릴 적 내가 본 외가의 풍경이었다.

산이 높으면 골이 깊고, 높이 올라가면 아래로 떨어질 때의 충격이 치명적란 말이 있다. 80년대 들어 할아버지의 사업이 기울면서 부도가 났고, 집 한 칸 없이 내 몸 하나 누일 자리를 걱정해야 하는 처지가 되었다. 마른 하늘에 그런 날벼락이 없었다. 온 집안이 풍비박산 나는 모습이 드라마처럼 펼쳐졌다.

어린 시절 천당과 지옥을 오가는 듯한 부침을 생생하게 목격한 내게 사업이란 것은 그렇게 무서운 것이었다. 외가뿐 아니라 언론계에 계시다 사업을 하신 아버지가 늘 줄담배에 위궤양을 달고 사시는 모습을 보면서 사업은 정말 힘든 가시밭길이라고 생각했다. 사업이란 어제 먹던 진수성찬이 미처 소화도 되기 전에 오늘 아침 거리로 내몰려 끼니를 걱정할 만큼 어지러운 롤러코스터의 세계라고 느꼈다. 그러니 사업은 절대 가까이해서는 안 되는 빨간 글씨로 봉인된 금단의 구역이었다.

"접근하지 마세요."

"거기 들어가면 큰일 나요."

생각이 확고한 만큼 평생 사업이란 것은 내 인생에 끼어들 자리가 없을 줄 알았는데 오십이 넘어 사업이란 걸 시작하게 되었다. 인생은 각본 없는 드라마가 맞다. 영화에서 엔딩 자막이 올라가기 전까지는 어떤 반전이 휘몰아칠지 모르듯이 인생도 끝날 때까지 끝난 것이 아니다. 어떤 장면이 끼어들지 모르는 것이 인생이다.

연예계 스타들 중에 본인은 연예인이 될 생각이 전혀 없었는데 친구 따라 오디션 구경 갔다가 우연히 발탁되어 연예인이 되었다는 이야기를 심심치 않게 듣는다. 내 경우가 그랬다. 정말 우연찮게 사업의 세계로 들어서게 되었다.

자기계발모임에 적극적으로 참여하던 어느 날 〈부자트레이닝클럽〉이라는 모임 이야기를 들었다. 지인들이 대거 참여한다는 이야기를 듣고 나만 안 하면 왠지 도태될 것 같아 친구 따라 강남 가는 가벼운 마음으로 신청을 했다.

비즈니스 필독서를 읽고 비즈니스 모델을 만들고 사업계획서를 써서 마지막에 발표까지 하는 과정이었다. 처음 읽은 책이 《부의 추월차선》. 읽고 나니 나도 내 힘으로 부의 추월차선으로 차선을 변경해 부자가 되고 싶다는 욕망이 싹텄다.

큰 기대를 하지 않고 리더가 하라는 대로 하나씩 따라하다 보니, 어느새 비즈니스 사업 모델을 쓰고 있었다. 실제로 사업자금이 들어가는 것이 아니니 쉽게 써볼 수 있지 않았나 싶다. 그토록 무섭기만 하던 사업이었는데, 어찌 귀신에 홀린 듯 봉인이 해제되어 거기까지 갈 수 있었는지 지금 생각하면 신기할 따름이다.

비즈니스 모델을 만드는 과정에서 '어떤 사업을 할 수 있을까?' 하고 고민하다가 멀리서 찾지 않고 생활 속에서 찾아보았다.

'내가 좋아하는 것은 무엇이지?'

'내가 잘 할 수 있는 것에 무엇이 있을까?'

'고객의 불편을 해소시켜 주는 것이 좋은 사업 아이템이라는데….'

고객의 불편이라는 점에 생각을 집중했다. 책 육아로 아이를 키우면서 나름 노하우를 갖고 있던 나, 그즈음 엄마와 함께 살면서 엄마의 선생님이 되어 인지 학습을 도와드리고 있던 나였다. 내 옆에 있는 고객이 떠올랐다.

다름 아닌 나의 도움을 절실히 바라는 연로하신 엄마였다.

"나 이대 나온 여자야!" 매년 발간되는 이대의 빨간 수첩을 자랑스럽게 쓰던 엄마지만 여든이 넘으시니 기억력과 인지능력이 떨어져 걱정이 깊어가던 차였다.

치매 걱정으로 늘 불안해하는 엄마에게 끝말잇기, 연산, 컬러링, 미로찾기, 다른 그림찾기 등 커리큘럼을 짜서 매일같이 전담 가정교사가 되어 봐 드린 지 1년 가까이 되어가던 때였다. 엄마는 선생님 말씀을 잘 듣는 학생이 되어 따라오셨고, 나 역시 엄마의 책가방을 만들어 과목별 교재를 넣어 드린 뒤 매일 숙제검사를 하는 재미가 쏠쏠했다.

빨간 펜으로 동그라미를 치고 작대기를 그으면서 채점을 할 때면 진짜 선생님이 된 것 같은 기분이었다. 학창 시절 성적표를 보면서 자존심 상하는 소리를 팍팍 하시던 엄마가 이제는 온순한 학생이 되어 손을 가지런히 모은 채 채점을 기다리고 있으니 소심하게 복수라도 한 것 같아 통쾌한 마음이 들기도 했다.

일년 가까운 홈스쿨로 엄마는 날로 실력이 좋아졌다. 끝말잇기 같은 어휘력과 글쓰기는 낙제 수준인 반면 컬러링 과목에서는 어느새 색칠의 달인이 되어가고 있었다.

평소 멋내기를 좋아하던 엄마는 색칠로 대리만족을 하는 양 색칠에서 재주를 드러냈다. 팔순의 엄마를 보면서 "역시 사람에게는 강점과 약점이 있구나."하고 실감하던 차에 사업 모델을 정하게 된 것이다. 무심히 찍었던 점들이 하나의 선으로 이어지는 순간이었다.

'점점 아이는 줄어들고 노인이 늘어나는 초고령화사회가 된다는데….'

'고객이 점점 늘어나는 블루오션 아닐까?'

엄마는 내가 마음껏 테스트해 볼 수 있는 고객이었다. 이미 일 년간의 테스트를 통해 컬러링의 효과를 눈으로 확인하고 있던 터라 이만한 사업 아이템이 없지 싶었다. 컬러링에 흠뻑 빠진 엄마를 위한 맞춤식 컬러링북 《마이 메모리북》을 만들어 선물했던 이력도 있었다. 사회 경험이 전무했지만 특별히 사업자금이 필요하지도 않고 내 머릿속에 있는 아이디어를 구현하면 될 것 같았다. 늘상 해오던 일이니 부담도 없었고, 초기비용이 많이 들어가 집안을 거덜낼 만큼 위험부담이 있는 것도 아니니 재미 삼아 한번 해볼까? 이런 가벼운 마음으로 슬금슬금 빨간 글씨가 선명한 금지구역으로 다가섰다.

수브레인 《딸이 찾아주는 엄마의 그림책》 사업은 엄마를 위해 만들었던 맞춤식 컬러링북 《마이 메모리북》을 디딤돌 삼아 취미처럼 가벼운 마음으로 시작되었다.

코피아난 전 유엔사무총장은 "사람들은 도전에 직면해서야 비로소 자신이 갖고 있는 잠재력을 발견하게 된다. 자신의 능력을 발휘해야 할 필요가 있을 때까지는 사람들은 절대 자신의 잠재력을 알지 못한다."고 했다.

내가 사업이라는 세계에 도전하지 않았다면 절대 몰랐을 나의 숨은 잠재력. 나도 놀라고 가족은 더 놀라고 친구들까지 놀라는 숨은 잠재력 말이다. 이제 나는 누구나 이런 잠재력을 갖고 있다고 생각한다.

엄마

올해도 어김없이 5월8일 어버이날이 되었네요.
엄마 혼자서 어버이날을 맞이 한게 십년이 넘었지요.
이번해에는 다른 때와 달리 엄마에게 시들지 않는
카네이션을 드리고 싶어요.
늘 엄마 마음속에서 시들지않는..
엄마의 손끝에서 카네이션이 어떻게 피어날지
기대가 되요.
이 세상에서 단 하나밖에 없는 엄마의 카네이션
소중히 간직하세요.

-꼬맘여사-

He can do it.

She can do it.

Why not me?

영원한 금지란 없다. 금서가 풀리고 금지가요가
히트곡이 되기도 한다.

사업이라고 하면 으레 겁부터 집어먹는데 우리는
어차피 인생이라는 1인기업의 대표나 마찬가지
다. 한계를 짓는 순간 할 수 있는 것보다 할 수
없는 것이 더 많아진다.

| 추천하는 책 |

《사업을 한다는 것》 레이크록(센시오)

NO 8.

.
.
.

급히 먹는 밥에 체한다

　서둘러 비즈니스 모델을 마무리해서 과제발표를 했다. 기대 이상으로 좋은 반응을 얻었다. 사업 아이템이 아주 좋다는 전문 패널들의 피드백에 자신감이 뿜뿜했다. 누가 내 사업 아이디어를 훔쳐가기 전에 빨리 사업으로 펼쳐야 할 것 같은 비현실적인 생각들이 꼬리에 꼬리를 물었다. 비즈니스 모델대로 사업이 전개될 리 만무하건만 왕초보 예비 창업자에게는 그런 현실감마저 없었다.

　이제 본격적으로 사업을 시작해볼까? 무식하면 용감하다고 의욕만 넘치는 왕초보 사업가에게는 전후좌우 살필 것 없이 오직 전

진만이 있을 뿐이었다. 사업에 대해 갖고 있던 예전의 트라우마는 옆집에 놀러가고 없는지 코빼기도 보이지 않았다. 그동안 집안에 찌그러져 있던 내가 사업가가 된다는 그 사실만이 감개무량할 따름이었다.

아이를 낳기 전에 태명부터 짓는 것처럼 사업을 시작하기로 한 이상 회사의 이름을 정하는 것이 급선무였다. 예전에 온라인상의 닉네임을 정할 때 딸이 다니던 영어유치원 이름을 빌려와 급조하던 것처럼 할 수는 없었다. 몇 날 며칠 머리를 싸매고 고민했다. 손을 많이 쓰면 뇌가 건강해진다는 메시지를 담아야 하는데 뭐라고 하면 좋을까?

손뇌? 아니 이건 입에 착 붙지도 않고 왠지 촌스러워 보이는데? 그럼 영어로 풀어 핸드 브레인? 이것도 영 아닌데…. 좀처럼 좋은 아이디어가 떠오르지 않았다.

이름 짓기에 빠져 있던 중 홈페이지를 만들려면 도메인이 필요하다는 걸 알게 되었다. 도메인은 문자로 이루어진 인터넷상의 주소다. 내가 이름을 짓는다고 다 되는게 아니었다. 우선 내가 짓고자 하는 이름의 도메인이 주인이 없어 사용 가능한지부터 확인해야했다. 이미 쓰고 있는 주인이 있으면 아무리 이름을 잘 지어도 소용없는 것이다.

아무것도 몰랐을 때는 이름짓기에만 열중했는데 정작 이름을 생각하고 도메인 검색을 해보면 이미 떡하니 주인이 있는 경우가 많았다. 나중에 유명 도시락업체 대표에게서 사용하려는 브랜드 네임을 도메인 주소로 하느라 거액을 지불하고 도메인 네임을 사왔다는 이야기를 들었다. 대동강 물을 팔아서 부자가 된 봉이 김선달처럼 될 성부른 이름을 미리 구매해서 돈을 버는 이가 있다니 놀라웠다.

《핵개인의 시대》 송길영 저자는 마인드마이너라는 특이한 닉네임을 갖고 있다. 그는 일단 생각이 떠오르면 구글링을 해보는 습관이 있다고 한다. 남들이 쓰고 있는 건가 아닌가 검색해서 없으면 그때부터 본격적으로 자신의 것으로 만든다고 한다. 이런 좋은 습관을 갖고 있기에 좋은 닉네임을 가질 수 있지 않나 싶다.

그런 점에서 난 완전 아마추어였다. 내 마음에 드는 이름만 생각했지, 도메인이라는 것은 생각도 안 하고 있었으니 말이다.

사업 초반부터 브랜드 이름으로 헤매고 있던 어느 날 혼자만 끙끙거릴 일이 아니란 생각이 들었다. 《딸이 찾아주는 엄마의 그림책》 제목을 딸이 무심한 한마디로 지어준 것처럼 이 또한 그럴 수도 있겠다는 생각이 들었다. 가족들에게 의견을 구했더니 역시나 좋은 아이디어가 나왔다.

"수브레인이라고 하면 어때? 수는 손 수(手), 빼어날 수(秀), 중의적인 의미에 손을 많이 쓰면 뇌가 좋아진다는 의미를 담을 수 있잖아. 게다가 어르신들은 한자에 익숙하니 말이야."

"어머 웬일?"

듣고 보니 완전 마음에 들었다. 왜 그동안 그 생각을 못했지? 바로 가비아에서 도메인 검색을 해보았다. 다행히도 그 이름은 아직 주인이 없어 도메인 등록을 할 수 있었다.

이제 이름이 생겼으니 사업자등록을 해야지 싶었다. 당연한 수순이라고 생각했다. 아이를 낳으면 출생신고를 하는 것처럼 회사 이름을 정했으면 사업자 등록은 당연한 줄 알았다. 물론 나중에 알게 된 사실은 전혀 아니었지만…. 그때는 정말 아는 것이 너무 없이 의욕만 하늘을 찔렀다. 이름이 정해지니 왠지 마음이 급해졌다. 빨리 사업자등록을 해야될 것만 같은 조바심이 생겼다. 사업자등록이 특허등록도 아닌데 왜 그리 서둘렀는지 지금 생각하면 웃음이 난다.

"촛불 한 자루로 여러 자루의 촛불에 불을 붙인다 해도 애초의 촛불 빛은 흐려지지 않는다."

탈무드에 이런 격언이 있음에도 불구하고 그때는 누가 내 불씨를 홀랑 가져가 버릴지도 모른다는 황당한 마음으로 가득 차 있었다.

조바심으로 창업 경험이 있는 지인에게 바로 SOS를 쳤다. 컬러링북 사업을 할 거면 출판업으로 등록을 해야 하지만 준비해야 하는 구비서류들이 있었기에 한시가 급했던 난 우선 만만한 업종으로 등록을 했다. 나중에 업종 변경을 하기로 하고 일사천리로 사업자등록을 마쳤다. 허술하기 짝이 없는 사업자등록이었지만 하나씩 과정을 마치면서 등록하는 과정은 신기함 그 자체였다. 이제껏 경험

| 사업을 시작하면서 만들었던 캘리그라피 로고들

해 보지 못한 신세계로 접어드는 황홀함이 있었다.

어찌 됐든 2019년 2월 사업자등록을 마치면서 등록증을 받고 당당하게 사업자번호를 부여받으니 엄청난 위업을 달성한 양 그리 좋을 수가 없었다. 주민등록번호 외에 또 다른 사업자번호를 갖게 되니 특별시민이라도 된 것 같은 착각이 들었다. 사업을 하기 위해서는 사업자등록 전에 시장조사가 우선이거늘, 그런 것은 하나도 하지 않고 덜컥 사업자등록부터 해버린 수브레인이었다.

창업자 정부지원금 지원 시 보통 예비창업자, 창업 후 3년 미만, 창업 후 7년 미만 이런 조건이 붙는데 예비창업자와 창업 후 3년 미만자에게 지원이 가장 많다는 사실을 뒤늦게 알았다. 다시 엄마 뱃속으로 들어갈 수 없는 것처럼 이제 와서 예비창업자가 될 수 없는 노릇이었다. 후회막심이었다.

급히 먹는 밥에 체한다는 옛말이 생각났다. 이렇게 급체를 해 가면서 수브레인은 조금씩 걸음마를 시작했다. 이제라도 천천히 하나씩 배우면서 나아가야지. 고객과 판매자 사이의 어정쩡한 포지션을 왔다 갔다 하면서 뻘짓을 많이 했지만 그러는 가운데 배우는 것도 많았다.

때론 무모함과 조급함이 강력한 동력이 되기도 한다.

판매자의 시각에만 머물면 고객의 마음을 읽지 못하는데 이리저리 왔다갔다 하니 고객의 마음을 엿볼 수 있는 이점도 있었다. 게다가 내 곁에는 언제든 고객 테스트를 할 수 있는 찐고객 엄마가 계셨으니 든든한 천군만마였다. 색칠하는 재미에 흠뻑 빠진 엄마는 시제품을 드리면 열심히 색칠하면서 1차적인 제품 테스트를 해 주셨다.

어느새 사업자등록을 한 지 5년째가 되었다. 중견 창업자의 대열에 들어서게 되었다. 이리저리 헤매고 돌아다니며 창업 나이만 먹은 듯하지만 그래도 나이는 나이! 내가 먹은 밥공기 수만큼 내 안에 채워진 것도 있으리라.

먹은 나이가 어디로 가지는 않는다는 어른들의 말씀을 되새겨 본다. 똑똑한 동생에 비해 어눌한 형이라도 먹은 나이는 나잇값을 한다는 말이지. 이제부터는 창업 나이에 걸맞게 나이값을 제대로 해야겠다고 다짐을 해본다.

오십대의 내가
두 번째 스무 살의
나에게 해 주는 이야기

모든 것에는 서둘러서 좋은 것이 있고 천천히 하는 것이 좋은 것이 있다.
완급의 조절이 필요하다. 내 안에 속도계를 가져야 한다. 슬로우 슬로우 퀵퀵!

| 추천하는 책 |

《자기 인생의 철학자들》 김지수 (어떤책)

《백년을 살아보니》 김형석 (덴스토리)

NO 9.

. . .

인생의 터닝포인트

인생은 생각한 대로만 흘러가지 않는다.

서둘러 사업자등록을 하고 사업준비를 하던 어느날 내 인생의 두 번째 터닝포인트가 찾아왔다.

이렇게 더 이상 살고 싶지 않다는 생각으로 닥치는 대로 읽기 시작했던 자기계발서들. 그 처음 시작은 MKYU 김미경 원장의 《인생미답》이었다. '인생노답'이라고 생각하던 내게 김미경 원장은 '인생은 미답'이라고 가르쳐 주었다.

아무도 알 수 없는 인생미답의 길을 걸어가는 것은 꿈속에서가 아니라 튼튼한 내 두 다리로 걸어가라고 했다. 김미경 원장이 확신에 찬 어조로 이야기하니 나도 할 수 있을 것 같은 자신감이 차올랐다.

뒤이어 읽었던 책이 한근태 작가의 《일생에 한 번은 고수를 만나라》였다. 이미 필사 습관이 생긴 터라 감동받은 구절에 내 생각을 보태 적어 나갔다. 이렇게 책을 읽으니 마치 작가와 소울메이트가 되어 대화를 나누는 것 같은 기쁨이 있었다.

이런 독서법으로 한 명 두 명 소울메이트들은 늘어갔다.

좋아하는 소울메이트를 더 알고 싶은 마음에 북토크를 많이 찾아 다녔다. 좋아하는 작가의 북토크가 있으면 미처 책에 담지 못한 이야기를 들을 기대로 열일 마다않고 참석했다. 내게 소중한 인연은 적극적인 북토크 참석 가운데 찾아왔다. 한근태 작가님과 강민호 작가님이 그랬다.

한근태 작가님의 북토크에 참석했던 어느날이었다. 강의가 끝나고 드디어 책에 사인을 받는 시간 지금 생각해도 어디서 그런 용기가 나왔는지 모르겠다. 팬심으로 책에 사인 하나 덜렁 받는 것으로 끝내고 싶지 않았다. 그렇지만 앞서 연배가 있어 보이는 팬이 "모임에 작가님을 초대하고 싶습니다."라고 했더니 "책을 읽으시면 충분합니다."하고 쌩한 답변이 돌아왔다. 순간 갈등이 생겼다. 앞에서 저렇게 이야기를 했는데 또 물어보면 무안만 당하는 게 아닐까?

'저 여자는 앞에서 한 얘기를 듣지도 못했나? 귓구멍이 막혔나?'하고 생각할 것 같았다. 한편으로는 '이런 기회가 언제 또 있겠어? 저 사람은 저 사람, 나는 나야.' 인생은 케바케(케이스 바이 케이스)라는 생각에 사인을 받으면서 다시 말문을 열었다.

"제가 새벽에 독서모임을 하고 있는데 거기에 작가님을 초대하고 싶습니다."

그때 한 달에 한 번 새벽시간에 '하이책(하루를 이기는 책모임)'에 참여하고 있었다. 모두가 자기계발에 열심인 분들인지라 한근태 작가님의 《일생에 한번은 고수를 만나라》 책을 좋아했고 작가님의 팬도 많았다. 모임에 작가님을 초대하고 싶다는 생각으로 오그라드는 심장과는 달리 입은 해야 할 말을 또박또박 하고 있었다.

순간 기적이 일어났다. 한근태 작가님이 사인하던 시선을 들어 쳐다보시더니 연락처를 적어 주시면서 연락처를 달라고 했다. 소개팅에서 만난 킹카 파트너가 전화번호를 물어볼 때의 황홀함이 이런 것일까? 두근반 세근반 떨리는 손으로 핸드폰 번호를 적어서 건넸다. 주변에 있던 이들의 부러운 시선이 느껴졌다. 그렇게 북토크가 끝나고 동기들과 근처 고깃집에서 북토크 이야기를 재미있게 나누고 있는데 갑자기 들어온 문자 하나.

'꼬알여사님, 언제로 시간을 잡을까요? 연락 바랍니다.'

이게 꿈이야 생시야! 우리들은 환호성을 질렀다. 집에 돌아와 정성껏 마음을 담아 그러나 절제된 언어로 답장을 했다. 어찌 됐든 내가 몸 담고 있는 독서모임을 대표해 작가님 참석을 성사시켜야 하는 만큼 상대의 마음을 얻는 게 중요했다.

그렇게 독서모임에 한근태 작가님을 초대하면서 인생의 또다른 변화가 시작되었다.

당시에는 그것이 두 번째 인생의 터닝포인트인 줄 몰랐다.

나도 모르는 사이에 인생드라마는 극적 전개의 미니시리즈로 바뀌고 있었다.

> 오십대의 내가
> 두 번째 스무 살의
> 나에게 해 주는 이야기
>
> 다른 사람이 실패했다고 해서 나도 똑같이 실패하라는 법은 없다.
> 다른 사람의 인생에 내 인생을 적용시키지 말자. 미리 지레짐작해서 도전하지 않고 포기한다면 다가오는 행운의 여신을 돌려세우는 우를 범할 수도 있다.

| 추천하는 책 |

《김미경의 인생미답》 김미경 (한국경제신문사)

《일생에 한 번은 고수를 만나라》 한근태 (미래의 창)

NO 10.

.
.
.

머무는 공간을 바꾸어 볼까요?

　사업자등록증을 내고 덜컥 공유 오피스를 계약했다.

　오랜만에 티타임을 가진 학부모들은 공유 오피스에 들어갔다는 내게 이렇게 말했다.

　"공유가 하는 오피스에 세를 내신 건가요?"

　5년 전만 해도 공유경제란 개념은 생소했고 사업이란 걸 시작하지 않았다면 나 역시 그런 반응을 보였을 것이다.

　같은 하늘 아래 살건만 생각하고 경험하는 것에 따라 사는 세상은 손바닥만할 수도 있고 대륙처럼 광활할 수도 있다.

5년 전 어느 가을 중 2 딸의 사춘기 광풍에 맞서던 갱년기 엄마는 처참하게 백기를 들고 상처투성이의 몸으로 집에서 탈출을 시도했다. 매일 전쟁 같은 나날이 이어지자 도저히 집에서 숨을 쉴 수가 없었다. 나만을 위한 대피소가 절실히 필요했다. 사업자등록증을 내고 본격적으로 사업을 준비하던 때라 나만의 공간이 필요했는데 도서관이나 카페는 이용 시간에 제약이 있었다.

때마침 지인이 공유 오피스에 공간을 얻었다는 소식을 듣고 구경하러 갔다. 나와 엇비슷한 처지의 왕초보 사업가인 그녀가 번듯한 사무실에 앉아 있으니 완전 다른 사람처럼 보였다. 감투가 사람을 만든다더니 공간이 다른 사람으로 탈바꿈시키는 듯했다. 아직 돈도 못 벌고 있으니 매일 도서관이나 카페를 전전하는 게 맞다고 생각하던 내게 신선한 충격이었다.

바로 그날부터 공유 오피스 투어에 나섰다. 규모와 비용 면에서 다양한 선택지가 있었다. 현재 지갑 사정을 생각하면 독서실 수준을 겨우 면한 공유 오피스가 어울렸지만 꿈은 컸기에 최고급 공유 오피스만 눈에 들어왔다.

사실 사업 준비단계에서 가장 핫한 공유 오피스를 얻는다는 것은 무모한 짓이었다. 하지만 내 생각은 달랐다. 사회생활 경험이 전혀 없는 전업주부 출신의 예비 창업자가 머무는 공간은 무엇보다 배울 수 있는 곳이어야 한다고 생각했다. 돈으로 시간과 경험을 사야했다. 자신에게 투자가 필요했다.

"1등에게 배워라."

이왕이면 1등 공유 오피스에 들어가야 입주해있는 스타트업들을 보면서 어깨너머로 배울 게 있을 거라 생각했다. 미래에 저들과 어깨를 나란히 하려면 그들 곁으로 가야 한다고 생각했다.

공유 오피스 투어를 다니다 보니 그곳에 입주해있는 사람들의 분위기가 많이 달라 보였다.

"나에게 투자를 하자."

몇 날 며칠 고민을 거듭하다 원대한 꿈을 가지고 ○워크에 계약을 했다. 처음 집을 장만하면 하루 종일 쓸고 닦아도 하나도 힘이 안 들고 기분 좋은 것처럼, 계약을 하고 다인실 안의 내 공간 내 책상에 앉아 있으니 마냥 들뜨고 무엇이라도 할 수 있을 것 같았다.

아침에 출입증 카드를 목에 걸고 카드를 찍은 뒤 통과할 때면 그동안 전업주부로서 전혀 느껴보지 못한 짜릿한 느낌을 받았다. 모르는 것 투성이라 다인실 책상에 앉아 가만히 일을 보는 것이 아니라 여기저기 돌아다니며 구경을 하기 바빴다. 다른 스타트업 사무실을 구경하러 다니는 중에 카드키를 잠시 책상 위에 두고 나와 똑똑 문을 두드리며 열어달라고 하는 민망한 순간도 있었다. 하지만 부끄러움보다는 호기심으로 구경 다니는 재미가 더 쏠쏠했다.

그곳에 있으면 어찌나 시간이 빨리 가는지 집에 돌아가야 할 시간이 되면 아쉬움 속에 주섬주섬 가방을 챙겼다. 사무실에서 먹고 자면서 내내 있어도 좋을 것 같은 마음이었다.

그 당시 ○워크는 일등 공유 오피스답게 점심시간이면 커뮤니티센터에서 잘 나가는 외식업체들이 홍보를 위한 프로모션을 많이 했다. 청담동 레스토랑의 도시락을 비롯해 고급 외식업체의 식사를 맛볼 수 있는 좋은 기회가 이어졌다. 내로라하는 업체들의 프로모션을 보면서 '나중에 저렇게 해야지~!'하고 배우는 것이 많았다.

○워크는 외국기업이어서 영어가 더 익숙한 매니저들로 이국적인 분위기가 강했다. 집에만 있던 50대 아줌마는 이질감이 느껴지는 존재였지만 개의치 않았다. '아무렴 어때?' 나이든 아줌마의 뻔뻔함은 이럴 때 빛을 발했다.

세계 최대 사모펀드 블랙스톤의 CEO 스티브 슈워츠먼은 《투자의 모험》에서 "때론 모험으로 일상을 새롭게 하라.", "일하는 공간도 브랜드파워가 된다. 최고의 수준에 오른 사람들을 끌어들이는 공간이자 우리의 능력을 신뢰하는 고객을 맞이할 아름다운 공간을 확보할 수 있다면 웃돈을 주고서라도 해야 한다."라고 말했다.

간절하게 달라지고 싶은 내게 집이 아닌 새로운 공간이, 그것도 최고로 잘 나가는 당시의 공유 오피스는 날개가 되어주었다.

그동안 만나는 사람은 학부모 아니면 동네 슈퍼 아저씨, 세탁소 아저씨 등 자기 업에서 최고의 수준에 오른 사람과는 거리가 멀었다. 새롭게 옮긴 공간에서 보는 사람들은 스타트업을 하는 젊은 사람들로 활기가 넘쳤고 그들을 둘러싼 공기는 그동안 내 주변을 떠돌던 익숙한 공기와 사뭇 달랐다.

좋은 입지의 최신식 초고층 빌딩에 자리를 잡고 있는 공유 오피스는 체인이라 다른 지점의 공간도 미리 예약만 하면 이용할 수 있는 것이 최대 장점이었다. 왜 성공한 CEO들의 사무실이 초고층 빌딩의 가장 높은 층에 위치하고 있는지 알게 되었다. 시야가 달랐다. 만날 보던 시야를 벗어나 초고층의 공간을 통해 성공한 CEO의 경험을 미리 해보는 공간투어로 점점 눈이 트여갔다.

○워크를 시작으로 한국토종 공유 오피스 ◇◇◇파이브, 후발 주자 □□□플러스까지 굴지의 공유 오피스로 옮기면서 두루 경험치를 쌓았다. 이들 세 업체의 장단점이 무엇인지, 공유 오피스의 인기 요인과 공유경제의 확산 가능성 등 미래 사업 생태계를 피부로 느끼며 공부하는 시간이 되었다. 물론 비용은 들었지만 비싼 수업료만큼 배운 게 많았다. 그때 그 돈을 쓰지 않았더라면 이익을 더 많이 남길 수 있지 않았을까? 그렇게 생각하지 않는다. 그 당시의 경험으로 사회경험이 전무한 전업주부는 지름길을 찾아낼 수 있는 눈을 가지게 되었다.

예전이라면 한 곳에 둥지를 틀면 엉덩이 무겁게 자리 잡고 있는 것을 당연시했을 나였지만 요즘 트랜드는 그렇지 않다. 신설 지점이 생길 때마다 공격적으로 실시되는 프로모션 혜택을 잘 이용하면 비용을 절감할 수 있고 점점 업그레이드되는 공간으로 경험 자산을 쌓을 수 있다.

공유 오피스에서 시작해 집을 사무공간으로 이용하는 시간을 거쳐 점프업희망재단에 둥지를 튼 지 3년째다. 아무것도 몰랐을 때는 돈으로 경험을 샀고 경험을 숙성시켜야 할 시점에는 집에서 제자리 도움닫기, 그리고 점프가 필요한 시기에 점프업희망재단에 들어갔다.

| 점프업희망재단에서 우수기업으로 소개

소상공인 지원을 위해 만들어진 점프업희망재단은 점프가 필요한 내게 알맞은 보금자리가 되었다. 양질의 강의를 무료로 들으면서 배움을 얻을 수 있고, 경영클리닉을 통해 나에게 맞는 컨설팅을 받을 수도 있다. 나와 비슷한 사업자들과의 코워킹도 가능하다.

나를 알아야 내가 머물러야 할 공간이 어디인지 알 수 있다. 지금 와서 생각해 보면 사업 초기 공유 오피스에 들인 돈이 적지 않았지만 그것은 소비가 아니라 투자였음을 깨닫게 된다. 그러나 이것은 비단 나의 경험일 뿐이다. 경험이 일천했던 내게는 공유 오피스가 세상에 대한 눈을 뜨게 하는 계기가 되었지만 창업을 꿈꾸는 다른 이들에게는 창업보육센터가 첫 시작으로 안성맞춤일 수 있다. 각자의 상황에 따라 맞는 장소가 다를 것이다.

"새로운 장소는 새로운 생각, 새로운 가능성이다."

소설가 알랭 드 보통의 말처럼 고인 물처럼 살던 50대 전업주부에게 집이 아닌 새로운 장소는 새로운 생각, 새로운 가능성의 출발점이었다.

오십대의 내가
두 번째 스무 살의
나에게 해 주는 이야기

성공하고 싶으면 내가 머무는 공간을 바꾸어라. 고인 물이 아니라 흐르는 물이 되는 방법이다. 그리고 빠른 시간에 경험을 쌓고 많은 것을 배우고 싶다면 일등이 있는 곳으로 가라.
일등의 어깨너머로 배우는 것은 나를 위한 현명한 투자다.

| 추천하는 책 |

《퍼스트클래스 승객은 펜을 빌리지 않는다》 미즈키 아키코(중앙북스)

NO 11.

. . .

달려야 할 때와 멈추어야 할 때

하이책 독서모임 참석을 계기로 한근태 작가님과의 인연이 두터워졌다. 매주 작가님과 함께 소수로 진행되는 강의를 듣던 중 책을 써보라는 강력한 권유를 받게 되었다.

'글을 쓰는 것은 좋아하지만 도대체 무슨 주제로 글을 쓰지?'

책 육아로 아이와 함께 3천여 권의 책을 읽었던 남다른 스토리가 있으니 그걸로 책을 써보라는 작가님의 권유였다. 매일 한 꼭지 이상의 글을 써서 한 달 만에 초고를 완성했다. 작가님의 소개로 유명 출판사 편집장님과 미팅까지 했지만 결국은 삐그러졌다.

하지만 삐끗했음에도 크게 실망하지 않았다. 오히려 홀가분한 마음이었다. 당시 아이의 사춘기 광풍 속에서 힘들어 하면서 육아 경험을 떠올려 책을 쓴다는 것은 아직 아물지 않은 상처에 소금을 뿌리는 것과 마찬가지였다.

피하고만 싶은 것을 억지로 끄집어 내 글로 쓰려니 치유의 글 쓰기가 아니라 형벌의 글쓰기였다. 맞지 않는 옷을 억지로 꺼내 입으려던 책 쓰기 첫 도전은 그렇게 실패로 돌아갔지만, 집중해서 글을 써서 초고를 완성했다는 뿌듯함을 얻을 수 있었다.

독서모임이 끝나갈 무렵 한근태 작가님에게서 뜻밖의 제안을 받았다.

"꼬알여사님, 이제 아웃풋을 해야 할 시기인데 함께 인문학 독서모임을 해보지 않겠어요?"

제안에 귀가 솔깃했지만 '살림밖에 모르던 내가 어떻게 그런 것을 할 수 있을까?' 도무지 자신이 없었다. 게다가 사업자등록까지 마친 사업가가 아닌가. 작가님과 함께 인문학 책을 읽으면서 세상에 대한 통찰력을 얻고 싶었던지라 내 능력에 대한 점검은 뒤로 하고, 사업도 뒤로 제쳐놓고 무조건 하겠다고 즉답을 했다.

우선 하이책 멤버들을 중심으로 인문학 첫 독서모임이 만들어졌다. 첫 시작이 어려울 뿐이지 일단 발을 떼면 그 다음부터는 배워가면서 얼마든지 해 나갈 수 있음을 이 경험을 통해 배웠다. 능력 있는 사람만 어려운 과제를 해낼 수 있는 것이 아니었다. 하고자 하는 의지만 있다면 배워가면서 내 안의 능력을 끄집어내 역할에 걸맞는 사람으로 탈바꿈할 수 있음을 배운 것이 큰 소득이었다.

"꼬알여사님은 기회가 없어서 그랬지 능력이 정말 많은 분이에요."
"그동안 일을 잘한다는 이야기 많이 듣지 않았어요?"
"아이디어도 좋고 기획력이 출중하네요."
칭찬은 고래도 춤추게 한다는 데 작가님의 칭찬과 격려에 아무것도 모르던 전업주부는 날 새는 줄 모르고 일에 빠져들었다.

많은 팬들이 만나보고 싶어하는 작가님과 파트너로 매일 이야기를 나누고 함께 독서모임을 만들어간다는 것이 꿈만 같았다. 작가님은 기업을 상대로만 강연을 해오셨던지라 일반인들과의 접점이 없었고, 나는 그동안 자기계발을 하면서 많은 모임에 참석하던 터라 모객 능력이 있었다.

"우리는 문어와 자벌레처럼 평생 만나기 힘든 조합인데 말이죠."
오히려 서로 다른 물에서 살아오던 터라 선입견과 고정관념이 없었다.

'미쳐야 미친다 及'는 말처럼 당시 간절하게 바뀌고 싶었기에 모든 레이더는 독서모임을 만들고 운영하는 데 집중되었다. 수브레인이란 사업체를 등록한 것은 까맣게 잊고 있었다. 사랑에 빠지면 온통 님 생각인 것처럼 하루 종일 독서모임을 어떻게 하면 잘 만들고 운영할 수 있을까 그 생각뿐이었다.

한근태 작가님과 함께 하는 동안 인문학 독서모임 〈책읽는 사람이 세상을 바꾼다_책사세〉를 시작으로 〈책읽는 엄마가 세상을 바꾼다_책엄세〉, 〈글쓰는 사람이 세상을 바꾼다_글사세〉, 〈공부하는 사람이 세상을 바꾼다_공사세〉까지 네 개의 프로그램을 런칭할 수 있었던 것은 모든 관심을 집중한 미친 몰입 덕분이었다. 독서모임과의 사랑에 흠뻑 빠져들었다.

작가님은 왕초보나 다름없는 초짜인 내 의견을 존중해주셨고 칭찬과 격려를 아끼지 않으셨다. 그동안 별반 칭찬받을 일 없이 살았던 터라 매일 같이 쏟아지는 칭찬 샤워에 미운 오리새끼가 백조가 된 것처럼 인생의 환희를 느꼈다. 하루하루가 너무 즐겁고 충만했다.

그렇게 일년 가까이 시간을 보내자 즐거운 마음과는 달리 몸은 점점 힘들어졌다. 토요일에 주로 모임이 운영되고 주중에도 준비하느라 계속 일을 하다 보니 일주일 내내 쉬는 날이 거의 없었다. 상담전화 응대를 시작으로, 컴퓨터에 익숙하지 못한 처지에 일당백으로 모집부터 관리까지 도맡아 하다 보니 점점 지쳐갔다.

　게다가 그때는 코로나19가 창궐한지 얼마 안 되어 모두가 불안해 하는 시기였다. 노약자는 사회적 거리두기로 각별히 조심하라고 당부하던 때인데 딸이 밖으로만 나돌고 있으니 노모의 걱정은 커질 수밖에 없었다.

　"안색이 너무 안 좋은데 어디 아픈 것 아니니?"

　"요즘 같은 때 이렇게 많은 사람들을 만나고 다니다 코로나 걸리면 어떡하니?"

　딸도 딸이지만 딸이 코로나에 걸려서 노약자인 엄마에게 옮기지 않을까 걱정이 되셨을 텐데, 그땐 바깥 활동에 정신이 팔려 헤아리지 못했다.

　컴퓨터를 하루 종일 들여다봐서 눈이 점점 침침해지고 목디스크가 도졌다. 쓸 수 있는 체력 이상을 쓰자니 몸이 아우성을 치고 있었다. 몸이 여기저기 아파지면서 생각이 많아졌다. 그동안 날 새는 줄 모르고 즐겁게 해 오던 일이 짐처럼 느껴지면서 버거워졌다. 쉬고 싶었다.

　'지금 하고 있는 일이 힘겹게 느껴지는 이유가 뭘까?'

　'앞으로 계속 내가 이 일을 해 나갈 수 있을까?'

그동안 달려오느라 생각하지 못했던 것들을 생각하기 시작했다. 내가 좋아하는 것과 잘할 수 있는 것에는 분명한 차이가 있음을 진지하게 고민했다.

컴퓨터를 잘 다루지 못하는 컴맹이라 점점 커지는 모임을 운영하기에 역부족이었다. 배워서 해결할 수 있는 문제가 아니었다. 능력의 한계치를 벗어나고 있었다. 스태프라는 이름으로 많은 분들의 도움을 받고 있으나 어디까지나 책임자로서 할 일이 명확했다.

결단이 필요했다. 몇 날 며칠 고민을 하다 결단을 내렸다. 더 늦기 전에 다 내려놓기로 했다. 나보다 더 잘 할 수 있는 분들에게 맡기고 내가 있던 본래의 자리로 되돌아가기로 했다.

그동안 해 온 게 있는데 아깝지 않느냐고 사람들이 말했다. 갈등이 있었다. 갈등하는 마음과 달리 여기저기 아픈 몸이 말하고 있었다. 몸이 말하는 소리에 귀를 기울였다.

모든 것은 타이밍이고 인생에는 달려야 할 때와 멈추어야 할 때, 들어가야 할 때와 나가야 할 때를 아는 게 무엇보다 중요하다.

가수 나훈아 씨가 은퇴를 선언했다는 신문기사를 보았다. "박수칠 때 떠나겠다."는 이야기였다. 박수칠 때 떠나는 것은 박수를 받으며 무대에 있는 것보다 더 힘든 일이다. 그걸 해낼 수 있는 사람과 해내지 못하는 사람은 인생의 마침표가 다르리라 생각한다. 힘들기에 그걸 해내는 것의 가치가 있고 그 가치가 명예를 만든다.

오십대의 내가
두 번째 **스무 살**의
나에게 해 주는 이야기

힘들다 생각될 때는 무엇이 나를 힘들게 하는지
가만히 들여다보는 시간이 필요하다.
정신승리를 외치고 파이팅하며 힘든 몸과 마음을
끌고 가는 것은 한계가 있다. 때로는 내려놓고
비우는 것이 더 멀리 갈 수 있는 방법이다.

| 추천하는 책 |

《달리기를 말할 때 내가 하고 싶은 이야기》 무라카미 하루키 (문학사상)

NO 12.

.
.
.

나에게 날개가 있었다니

"명함이 다 떨어져 새로 만들고 있는 중이에요."

다시 제자리로 돌아와 사업을 재개하면서 사업자 모임에 많이
참석했다. 비즈니스 모임에서는 명함을 주고받는 인사가 기본이었
다. 그런데 명함을 내미는 손이 선뜻 나가지 못했다.

다들 자연스럽게 명함을 건네며 스몰토크로 인사를 주고받는데
가방 속에 들어있는 명함에 손이 가지를 못했다. 선뜻 내놓기가 부
끄러웠던 것이다. 아직까지 주부티를 벗지 못하는 터라 규모 있는
사업체를 경영하는 CEO들 사이에 끼어 있자니 백조 틈에 끼어 있
는 미운 오리새끼 같았다.

"대표님 무슨 일을 하신다고요? 제게 명함 하나 주시겠어요?"

곁에 있던 분이 인사를 청하며 명함을 달라는데 엉뚱한 답이 입을 통해 흘러 나왔다.

"제가 명함이 다 떨어져 새로 만드느라 못 가져 왔어요. 다음에 드릴께요."

선뜻 내놓지를 못하고 이렇게 말하는 자신이 너무 초라하게 느껴졌다.

자존감 낮은 태도는 본 수업에서도 여전했다. 수업이 시작되기 전부터 주눅든 마음으로 불편하기만 했다. 빨리 집으로 돌아가고 싶었다. 괜히 이런 것을 신청했나? 아직 깜냥도 안 되는 불청객이라는 자괴감으로 마음이 힘들었다.

그러나 그런 마음이 들수록 또 한편에서는 이런 소리가 내 안에서 들렸다.

"내 돈 내고 당당히 왔는데 뭐가 그리 주눅이 들어있는 거니? 저 사람들도 모두 처음에는 0에서 시작했을 거 아냐."

생각을 달리 하니 잔뜩 움츠러들었던 어깨가 조금은 펴지는 것 같았다. 다시 어깨가 움츠러들려고 하면 '내가 이곳에 어떤 마음으로 등록을 했던가?'하고 초심을 생각했다. 나보다 경험이 많은 사업가들과의 교제를 통해서 배우려고 온 게 아니었던가? 배우기 위해 왔으니 더 적극적일 필요가 있었다.

주위 사람들이 모두 잔칫상에 앉아 있는데 나만 굶고 있는 것 같은 기분에 빠져있지 말고 당당하게 잔칫상으로 끼어 들어가야만 했다.

'부끄러움은 저 멀리 던져 버리자!'

'알을 깨고 나오는 새처럼 나를 감싸고 있는 단단한 것들을 깨야만 해.'

'누구보다 먼저 손을 들고 나가서 발표를 하자.'

자꾸 뒷걸음질치고 도망치고 싶을 때마다 마음 속으로 다짐에 다짐을 했다. 이 과정에 들인 적지 않은 돈의 무게를 생각했다.

'내가 들인 돈의 무게가 내가 들어올려야 하는 현실의 바벨 무게야.'

이 무게를 들어 올리지 못한다면 앞으로 더한 무게를 들어 올리는 성공은 꿈도 꾸지 말아야 한다고 나를 설득했다. 적극적으로 발표를 하겠다는 구체적인 목표를 정하고 나니 마음이 한결 가벼워졌다.

다른 사람들과 비교하는 대신 이 강의장에 첫 발을 들여 놓았을 때의 나보다 성장하는 것을 목표로 정했다. 문을 열고 처음 들어올 때는 엉거주춤 미운 오리새끼였지만 문을 닫고 나갈 때는 백조가 되어 훨훨 날아가고 싶었다.

수없이 나를 설득하고 마음을 다잡자고 다짐을 하건만 어느새 마음은 다시 쪼그라들었다. 그럴 때마다 물고기 코이를 생각했다. 관상어 코이는 작은 어항에 두면 5~8cm밖에 자라지 않지만 커다란 수족관이나 연못에 넣어두면 12~25cm까지 자란다고 한다. 그런 코이를 강물에 방류하면 90~120cm까지 자라는 대어가 된다고 한다. 처한 환경에 따라 달라지는 코이처럼 나 역시 환경에 따라 변할 수 있다는 자신감을 가지고 다양한 모임에 참여했다. 누구를 만나 어떤 경험을 하고 어떤 생각을 하느냐에 따라 내 인생이 달라질 거라 되뇌었다.

"내 안에 빛이 있으면 스스로 빛나는 법이다. 가장 중요한 것은 나의 내부에서 빛이 꺼지지 않도록 노력하는 일이다."

알버트 슈바이처의 말처럼 내 안에서 빛이 꺼지지 않도록 하는 것이 가장 중요했으니까.

처음에는 남 앞에 나가는 것이 너무 힘들고 두려웠지만 언젠가부터 발표를 누구보다 앞서 하는 사람으로 변하고 있었다. 내 안에 있던 것들이 누에고치 속의 실처럼 딸려 나오는 듯한 신기한 경험이었다. 그러면서 남들 앞에 서서 이야기하는 것에 조금씩 자연스러워졌다. 이런 변화가 짜릿했다. 몸을 옴짝달싹할 수 없는 작은 어항에 끼여 있다가 커다란 수족관으로 옮겨간 코이가 된 것 같은 기분이었다. 앞으로는 더 넓은 강물로 나가 드넓은 바다로 헤엄쳐 가고 싶다는 생각에 설레었다.

새롭게 태어나고 싶다면 만나는 사람을 바꾸어라!
인생을 다시 살고 싶다면 환경을 바꾸어라!

지금 살고 있는 모습에서 벗어나고 싶다면 강제로 나의 환경을
바꾸어야 한다. 나 스스로 익숙한 것과 결별하고 익숙치 않은 곳으
로 걸어 들어가야 한다. 자기계발 멘토로 생각하는 강민호 작가와
고명환 작가의 말을 떠올린다.

"삶의 기적을 맞이하고 싶은가? 불편한 길을 선택하라."
– 강민호 –

"가장 어려운 길이 가장 빠른 길이다."
– 고명환 –

익숙한 것과 결별한다는 것은 불편하고 어려운 것이다. 늘 우울
하고 자신감이 없었던 50대 전업주부가 익숙한 생활환경에 머물렀
다면 아마 지금의 나는 없을 것이다.
"아직 원하는 곳에 도달하지 못했더라도 아직 되고자 하는 사람
이 되지 못했더라도 계속 걸어가는 법만은 잊지 말아라." 존 맥스웰
의 목소리를 기억하면서 오늘도 떨어지지 않는 발걸음을 옮겨 걷는
다. 아직 CEO라고 말하기 뭐한 1인기업가지만 새로운 세상을 향한
날개짓을 계속한다.

'나에게 이런 날개가 있었다니!'

날개는 익숙치 않은 환경에서 펼쳐진다.

오십대의 내가
두 번째 스무 살의
나에게 해 주는 이야기

누구나 날개를 가지고 있다.

다만 날개를 펼 상황을 맞이하느냐 못 하느냐의
차이다. 날개를 펴려면 우선 알을 깨고 나오는
고통을 감내해야 한다.

나에게 숨겨진 날개를 발견하는 것은 알을 깨고
나오는 고통 다음에 주어지는 선물이다.

| 추천하는 책 |

《왜 일하는가》 이나모리가즈오 (다산북스)

《나는 어떻게 삶의 해법을 찾는가》 고명환 (라곰)

NO 13.

．
．
．

기브 앤 기브

　"이사장님, 제가 어르신들을 위한 컬러링북을 만들고 있는데 추천사를 부탁드려도 될까요?"

　강의장에서 한 번 만난 새털처럼 가벼운 인연밖에 없는데도 불구하고 용기내어 추천사를 부탁드렸다. 추천사를 부탁드린 분은 이윤환 이사장님. 그는 우리나라 요양병원의 패러다임을 바꾼 300억 원대의 요양병원 경영자이자 인덕의료재단 이사장이다. 치매환자나 거동이 불편한 노인환자들의 인권 개선을 위해 존엄케어를 도입한 분이다. 이런 대단한 분에게 네 번째 만드는 컬러링북 추천사를 써달라고 과감하게 요청을 했다.

요청은 쉽지 않은 일이다. 요청을 머뭇거리는 것은 거절에 대한 두려움 때문이다. 요청하는 순간부터 나를 을로 포지셔닝하고 상대를 갑으로 올려놓기 때문에 상대의 반응에 무게추를 얹는다. '내 요청을 무시하면 어쩌지?'하는 생각이 앞선다.

행여 치매에 걸릴까 걱정하는 엄마를 위해 만들기 시작한 컬러링북이 어느새 네 번째에 이르게 되었다. 달랑 한 권이 아니라 네 권의 어엿한 모습을 갖추게 되자 이 분야 최고의 고수에게 인정을 받고 싶은 마음이 들었다. 아무리 내 새끼 이쁘다고 입아프게 말해봤자 "걔 참 이쁘네요."하고 주변에서 인정해주는 한마디만 못한 법이다. 인정 욕구가 날로 커졌다. 커지는 인정 욕구만큼 요청에 대한 두려움도 커졌다.

'괜히 창피만 당할지도 몰라. 아직까지 인지도도 없이 독립출판하는 책에 그런 대단한 분이 추천사를 써줄 리 있겠어?'

요청에 대한 두려움으로 포기하고 싶은 마음이 들 때 격언을 떠올리며 마음을 다잡았다.

"두려움은 희망없이 있을 수 없고 희망은 두려움없이 있을 수 없다."

스피노자의 음성을 들으며 떨리는 마음을 다잡았다.

"희망이란 본래 있다고도 할 수 없고 없다고도 할 수 없다.

그것은 마치 땅 위의 길과 같은 것이다.

본래 땅 위에는 길이 없었다.

걸어가는 사람이 많아지면 그것이 곧 길이 되는 것이다."

《아Q정전》을 쓴 중국의 소설가 루쉰의 말을 떠올렸다. 나의 길을 만들어가는 데 요청의 힘은 꼭 필요한 것이기에 용기를 냈다.

요청으로 자신의 길을 만들어 간 사람은 수도 없이 많다. 《요청의 힘》에서 소개된 요청으로 성공을 거머쥔 사람들을 소개해 보겠다.

덴마크 국왕에게 편지를 써서 국왕의 도움으로 유학길에 오르고 새마을운동의 선구자가 된 류태영 박사. 출국길에 오르는 세계적인 지휘자를 공항 출국장으로 찾아가 다짜고짜 딸의 데모 테이프를 건넸던 아버지. 한 번 들어만 달라 했던 아버지의 간절한 요청으로 장한나라는 세계적인 첼리스트가 탄생할 수 있었다.

스티브 잡스 또한 "실패의 가능성을 감수할 수 있어야 합니다. 깨지고 상처받는 것을 겁내서는 안 됩니다. 요청 전화를 걸 때건 사업을 시작할 때건 실패를 두려워한다면 멀리 나아가지 못할 것입니다."라며 당당하게 요청하라고 쐐기를 박고 있다.

'맞아. 실패를 두려워한다면 아무것도 이룰 수가 없는거야. 돈이 드는 것도 아닌데 왜 못해. 거절당했을 때의 상처? 그 정도의 상처도 감수하지 않고 얻으려면 도둑심보 아니야?'

자꾸만 움츠러드는 마음을 힘을 주어 억지로 폈다.

그렇다고 무턱대고 들이대 정신으로 밀어붙이는 것은 무모하다는 생각이 들었다. 그건 상대에 대한 예의가 아니었다. 그렇다면 어떻게 해야 할까? 간절한 마음으로 진심을 보여 준다면 세상은 답을 들려줄 거라 믿었다.

이윤환 이사장님의 저서 《불광불급》을 읽고 경영철학에 감동을 받아 강의장에서 직접 만난 것까지가 인연의 전부였다. 지인을 통해 연락처를 받아 카톡으로 인사를 드렸다. 소개에 이어 《딸이 찾아주는 엄마의 그림책》을 요양병원에 보내 병원에서 활용할 수 있도록 조그만 성의를 보였다. 이윤환 이사장님도 《육일약국》을 읽고 난 뒤 무작정 저자를 찾아가 귀한 인연으로 만들었다고 하니 나 또한 진심으로 두드리면 귀한 인연을 만들 수 있지 않을까 싶었다.

망설이다 보낸 쭈뼛거리는 카톡에 이윤환 이사장님은 미리 책 내용을 보셨으면 좋겠다는 긍정적인 답변을 들려 주셨다.

'노인 요양병원을 운영하는 나는 환자분들의 무료함을 달래기 위한 방편으로 그림그리기 프로그램을 운영해 왔습니다. 하지만 여태껏 병원에서 진행해온 그림은 단순한 그림 그리고 색칠하기 프로그램이었는데 《딸이 찾아주는 엄마의 그림책》은 어르신들이 평소에 익숙한 장신구 무늬를 사용하여 어르신들의 거부감을 최소화한 노력이 돋보입니다. 흔히 평생 농사를 지으시면서 살아온 어르신들에게 퍼즐 맞추기가 익숙하지 않고, 콩 고르기가 익숙하듯이 색칠하기 또한 낯선 문양보다는 어르신들에게 익숙한 민화를 사용한 것이 좋은 아이디어라고 생각합니다. 어르신들을 돌보는 데 많은 경험이 있는 나로서는 이 민화가 어르신들에게 무료함뿐만 아니라 뇌의 가소성을 증가시키는 데 좋은 도구가 될 것으로 확신합니다.'

이후 진심이 담긴 따뜻한 추천사를 받을 수 있었다.
힘들게 꺼낸 요청의 말은 다듬어지지 않은 투박함은 있지만 달변 이상의 감동을 주는 듯하다.

《브랜드가 된다는 것》, 《변하는 것과 변하지않는 것》, 《어나더 레벨》의 강민호 작가와의 인연 역시 그랬다. 강민호 작가의 북토크에 참석했을 때는 딸의 극심한 사춘기 방황으로 눈물 마를 날이 없던 시절이었다.
북토크에서 기대하지 않았던 희망을 발견하게 되었다. 정해진 선로를 벗어나는 어려움 속에서 자신만의 길을 만들어낸 작가님의 진솔한 고백이 무엇보다 큰 힘이 되었다. 남들과 다른 길을 걷게 될지 모른다는 예감으로 불안해하던 터라 그 스토리가 가슴에 와서 박혔다. 어둠을 비추는 등대처럼 느껴졌다.
북토크가 끝나고 난 뒤 어떤 조언의 말을 들을 수 있지 않을까

지푸라기라도 잡는 심정으로 절절한 이메일을 보냈다. 자식을 위해서 뜨거운 불 속에라도 뛰어들 수 있는 것이 엄마이기에 차가운 인터넷상의 이메일이었지만 써 내려가는 한 글자 한 글자에는 뜨거운 마음이 담겨 있었다.

진심은 통하는 법일까? 랜선 상임에도 불구하고 강민호 작가님으로부터 진심 어린 장문의 답장을 받았다. 연예인에게 받는 펜레터 답장에 비할 바가 아니었다. 남과 다른 성장과정을 통과하면서 겪었던 실제 경험을 바탕으로 들려주는 조언이기에 큰 힘이 되었다. 그때부터 인생의 변화가 있을 때마다 키다리 아저씨에게 편지를 보내는 마음으로 강민호 작가에게 이메일을 보냈고 그때마다 따뜻한 답장을 받을 수 있었다. 기꺼이 나의 키다리 아저씨가 되어주며 《딸이 찾아주는 엄마의 그림책》이 처음 출간되었을 때 직접 책을 구매하고 응원해 준 강민호 작가님에게 감사한 마음이다. 요청의 힘으로 인연이 된 작가님과는 인스타 친구가 되어 소통 중이다.

요청의 힘은 이처럼 나의 상상을 초월한다. 진심이라는 묵직한 추를 달고 전달되는 요청의 힘은 실로 큰 일을 이루어낸다. 유럽 13개국 1,200개 매장에서 연매출 6천 억원을 올리는 글로벌 기업 켈리델리의 켈리 최 회장은 요청의 힘의 산증인이다. 돈 한 푼 없이 일본 스시의 장인 야마모토상에게서 스시 기술을 전수받고 싶다는 마음을 간절히 전달했기에 지금의 자리에 올랐다. 켈리 최 회장은 지금도 야마모토상과 가족처럼 지낸다고 한다. 요청의 힘은 이처럼 성공의 발판과 함께 귀한 인연을 얻는 종합선물세트다.

우리가 요청을 힘들어하는 이유는 무엇일까? 세상사는 기브앤테이크라는 고정관념때문이다. 무언가를 요청해서 얻으려면 나도 역시 무언가 줄 게 있어야 하는데 줄 게 없다 생각 하니 말이 입 밖으로 나오지 못하는 것이다. 간절한 요청을 한다는 것은 내줄 게 없는 처지이기에 하는 것이다. 그러니 요청할 때는 그 생각을 잠시 내려놓자. 대신 "내가 만나는 사람들은 모두가 나를 도울 수 있는 잠재적인 후원자들이다."라는 《요청의 힘》 저자의 말을 생각하자. 요청할 때는 후원받는 데만 집중하고 훗날 성공해서 내가 받은 후원을 다른 이의 요청에 답하면 된다.

요청은 기브앤테이크가 아닌 기브앤기브라는 공식을 적용할 때 더 큰 힘을 발휘한다.

세상은 기브 앤 테이크 장사가 아니다.

기브 앤 기브는 기브의 선순환을 만들면서 수많은 성공을 일구어낸다.

요청의 힘은 기브 앤 기브로 이어져 나갈 때 복리의 마법을 보여줄 것이다. 그러니 세상의 잠재적인 후원자들을 향해 요청의 목소리를 내 보자.

| 추천하는 책 |

《요청의 힘》 김찬배 (올림)

《기브 앤 테이크》 애덤 그랜트 (생각연구소)

NO 14.

· · ·

네가 사장될 줄 몰랐어

"네가 사장 될 줄 진짜 몰랐다."

"그건 나도 그래요. 엄마."

"학교 다닐 때 이렇게 공부를 열심히 했더라면 서울대는 따논 당상이었을 텐데 말이지. 그때는 왜 그리 공부를 안 하고 속을 썩였니?"

오십이 훌쩍 넘어 사장이 된 나를 바라보는 엄마의 팩트 공격이다. 엄마의 팩트공격에 화가 난다기보다는 인생의 대반전을 이루고 있는 나 자신이 스스로 신기할 따름이다.

"원래 이런 일을 하시던 분이세요?"

"그림을 잘 그리시나 봐요."

이런 질문을 많이 받지만 실상은 전혀 그렇지 않다.

"직장 생활을 전혀 해보지 않은 모태 전업주부인데다 똥손이에요."

대답을 하면서 "진짜 너 많이 컸다." 말하는 내 안의 소리가 들리는 듯하다.

나는 어려서 특별히 잘하는 것이 없었다. 꾸준함 대신 호기심만 많아 시작만 요란했지 끝을 맺는 게 없어 작심삼일의 대명사였다. 그리고 모든 것이 늦었다. 대학을 재수를 해서 일년 늦었고 결혼도 늦은 데다 아이도 늦었다. 결혼생활도 아이를 키우는 것도 내 맘대로 되지 않았다. 현모양처가 꿈이었건만 뜻대로 되지 않는 결혼으로 마흔 문턱에서 결혼을 했고 이후 허덕대면서 따라가기 바빴다.

이랬던 내 인생에 빈대떡 뒤집듯 인생의 반전을 만들어 준 것은 나를 힘들게 했던 두 명이었다. 그건 누구? 사춘기때 무지 상처를 주었던 엄마와 사춘기 광풍으로 나를 삼켜버린 딸.

인생이란 게 참 묘한 것이 사춘기때 상처를 주었던 엄마는 노인이 되어 나에게 사업적인 영감을 주었고, 딸은 사춘기 광풍으로 집안에만 있던 나를 세상밖으로 나가게 내몰아 주었다.

북 치고 장구 치듯 엄마와 딸은 내가 사업가가 될 수 있도록 한 일등 공신이다. 사춘기에 참패당한 갱년기가 어찌할 바를 모르고 있을 때 엄마는 시니어 교육이라는 사업적인 영감을 주었다.

'오십 넘은 나이에 내가 과연 무엇을 할 수 있을까?'

좌절 속에 방황하고 있던 내 눈에 들어오는 그 누군가, 그건 나의 사랑과 보살핌을 갈구하는 나이 든 엄마였다. 나를 닦달하고 심한 말을 비수처럼 꽂던 짱짱한 모습은 온데간데 없고, 엄마는 기운이 쭉 빠진 모습으로 나를 필요로 하고 있었다.

엄마가 내게 원하는 것은 분명했다. 관심을 갖고 챙겨주면서 치매 안 걸리도록 공부를 시켜주는 것. 더 이상 나를 필요로 하지 않는 딸 대신 나를 필요로 하는 엄마의 선생님이 되어 보기로 했다.

"엄마, 오늘 숙제 검사할게요."

엄마는 가방을 들고 내 앞에 수줍은 학생처럼 앉았다. 엄마 앞에 숙제검사 하려고 당당한 모습으로 앉는 나, 처지가 완전 바뀌었다. 양지가 음지되고 음지가 양지된다더니….

연산, 미로찾기, 끝말잇기, 색칠공부는 팔순 노모가 매일 치매 예방을 위해 해야 하는 숙제였다. 조금씩 골고루 하실 수 있도록 숙제를 내드리는데 어떤 날은 기어 들어가는 목소리로 "오늘은 할 일이 많아서 못했다."고 변명을 늘어 놓으셨다.

"엄마 그렇게 하기 싫다고 빼먹으면 안 돼요. 매일 조금이라도 해야지." 그러면 더 기어 들어가는 소리로 "그래야 되는 건 알겠는데 쉽지가 않네."

숙제는 아이나 노인이나 힘든 건 마찬가지인 듯 했다.

온순한 학생이 된 엄마가 가장 잘 하는 건 색칠공부였다. 멋내기를 좋아하던 엄마인지라 이젠 입지 못하는 화려한 색상의 옷을 색칠하면서 대리만족을 하시는 듯 했다. 화려한 원색의 옷에 망사 스타킹을 매칭하는 연출로 색칠된 그림을 보는 나도 놀라고 엄마 자신도 놀랐다. 매일같이 기상천외한 색칠 그림을 보여주는 엄마의 재능에 깜짝 놀랐다.

"엄마, 완전 잘 하시는데."

"놀리지 마라."

말씀은 그렇게 하시지만 어린 소녀처럼 기뻐하는 해맑은 모습이 참 보기 좋았다.

색칠하고 있는 엄마 곁에서 이야기를 나눌 때면

"엄마는 어떨 때가 가장 행복했어?"

"아빠랑 연애할 때."

"연애할 때 뭐 했는데?"

"영화도 보고 고궁도 가고 그랬지."

엄마는 어느새 60여 년 전으로 돌아가 지그시 눈을 감고 돌아가신 아버지와 추억여행 중인 듯했다.

"찰랑거리는 아사로 만든 보라색 한복을 입고 아빠랑 부산 해운

대로 신혼여행을 갔을 때 정말 좋았지."

"엄마는 지금도 아빠에 대한 사랑이 절절하네, 그때 말고는 또 언제야?"

"너희를 낳고 기르던 젊은 엄마였을 때."

엄마를 행복하게 해 주는 시간은 젊은 시절에 머물러 있었다. 엄마의 행복해 하는 모습을 보면서 나는 유레카를 외쳤다.

"바로 이거야!"

엄마가 행복했던 시간으로 추억여행을 보내주고 싶은 마음, 그것을 뇌 건강에 도움이 되는 색칠공부로 연결하는 사업 아이템을 발견했다.

"엄마의 행복했던 시간을 그림으로 만들어 색칠할 수 있도록 해 드려야지."

유독 색칠공부를 좋아하는 엄마에게 안성맞춤인 선물이었다. 게다가 손은 제2의 뇌라고 하는데 행복했던 시절을 회상하면서 색칠하면 뇌 건강이 좋아질 수밖에 없었다.

아무리 뇌 건강에 좋다 해도 하기 싫은 걸 억지로 해야 한다면 오히려 스트레스로 뇌에 독이 쌓일 텐데, 행복해지는 색칠공부라면 치매 예방 효과가 기대되었다. 늦게 결혼해서 늦깎이 엄마가 되었다가 오십이 넘어 세상 밖으로 나온 왕초보 사업가의 사업 아이템은 이렇게 결정되었다. 땅땅땅!

추억여행에 걸맞은 그림을 도안 작업하면서 책 제목을 고민했다.

"뭐가 좋을까?"

그때 딸의 무심한 한마디

"엄마가 할머니를 위해 만드는 색칠공부니 《딸이 찾아주는 엄마의 그림책》이네."

머리를 싸매고 생각해도 안 떠오르던 것이 딸의 입에서 툭 튀어나온 것이다.

수브레인 《딸이 찾아주는 엄마의 그림책》은 이런 사연으로 태어나게 되었고, 딸은 무심한 한마디로 수브레인 출판사에서 인세를 받는 영광을 누리게 되었다.

내 인생에 사업이란 것을 시작하게 될 줄은 꿈에도 몰랐던 오십대 주부의 창업은 엄마와 딸, 삼대 여자의 주거니 받거니 합작으로 돛을 올렸다. 그리고 나는 어쩌다 보니 사장이 되었다.

"니가 사장 될 줄 몰랐다."

"엄마가 사장 될 줄 몰랐어."

"나도 사장 될 줄 몰랐지."

입에 쓴 것이 몸에 좋은 약이라는 말처럼 나를 힘들게 하는 때도 있었지만 가족은 입에 쓴 좋은 약처럼 새로운 인생을 살도록 만들어 주었다. 건강하게 만들어 준 처방전이나 다름없다.

서툰 엄마와 서툰 자식이 만나 서로의 서투름을 보듬어 가면서 함께 성장하는 것이 가족이다. 서로 간의 서투름으로 인해 생긴 생채기들은 나무의 옹이처럼 되었다.

MKYU의 김미경 원장은 "고난의 순간은 이제까지 쓰지 않았던 마음의 한 부분을 사용하게 하는 것으로 새로운 영역을 개척하게 만든다."고 말했다.

《달콤쌉싸름한 초콜릿》(라울라 에스키벨)에서 티타네 할머니의 말처럼 우리는 모두가 몸 안에 성냥갑을 하나씩 품고 태어나는가 보다. 스스로 성냥에 불을 당길 수가 없기에 불을 당겨 줄 그 누군가가 필요한데, 내게 불을 당겨준 이는 엄마와 딸이었다. 그 두 사람이 없었다면 지금의 나는 없다.

오십대의 내가
두 번째 스무 살의
나에게 해 주는 이야기

우리 모두가 몸 안에 성냥 한 갑씩을 갖고 태어난다고 한다. 그러나 성냥이 한갑 아니라 열갑이 있어도 당기지 않으면 불꽃은 일어나지 않는다. 스스로 당길 수 없는 성냥의 운명이기에 우리는 당겨줄 누군가를 찾아야 한다.
그 사람은 의외로 가까운 곳에 있을 수 있다.
등잔밑이 어둡다고 하지 않는가?

| 추천하는 책 |

《네 안에 잠든 거인을 깨워라》 앤서니 라빈스(넥서스BIZ)

NO 15.

.
.
.

호적에도 못 올린 아이

.

"ISBN이 없으니 이건 정식으로 유통시킬 수 있는 책이 아니에
요. 그냥 지인들에게 아름아름 파시던지 아니면 처음부터 제대로
된 출판사에서 다시 만들어 정식으로 ISBN을 발급받도록 하세요."

"ISBN이 뭔데요?"

이게 수브레인의 현주소였다. 창피하지만 창피를 무릅쓰고 물
었다. 얼굴에 화로를 뒤집어쓴 듯이 창피함으로 벌개졌지만 그것을
신경 쓸 처지가 아니었다. 주변 지인을 대상으로 체험본을 만들어
좋은 반응을 얻고 의욕이 넘쳤다. 호기롭게 천 권을 인쇄해 블로그
를 통해 판매하던 중에 일어난 대참사였다.

블로그를 통해 쏠쏠하게 주문이 이어지자 제대로 된 판매를 해보고 싶다는 생각에 출판인과의 미팅을 한 자리였다. 기대 속에 나간 자리였건만 듣게 되는 건 주로 부정적인 이야기뿐이었다.

"이런 좋은 아이디어로 책을 만들 생각을 하시다니 대단하세요."

칭찬을 들을 것으로 기대했던 만남에서 탄생 자체를 부정당하는 쓴소리만 들었다. 호적에도 올리지 못하는 혼외자식을 바라보는 어미 마음 같았다.

'내게는 너무 귀한 아이인데 호적에도 올리지 못한 이 아이를 어쩌면 좋을까? 그렇다고 큰 집에 보내기는 정말 싫은데 내 아이로 제대로 키워보고 싶은데 무슨 방법이 없을까?'

고민만 깊어갔다. ISBN이 뭔지 조차 모르는 당시 혼자서 정식 출판을 한다는 것은 너무 버거웠다. 엄마를 위한 선물로 만들었던 《마이메모리북》을 시작으로 《딸이 찾아주는 엄마의 그림책》으로 발전시킨 지 불과 몇 달밖에 안 된 핏덩이였는데 말이다.

ISBN이란 책 뒤 표지에 붙는 도서번호. 그렇게 책을 많이 봤건만 그게 ISBN인지도 몰랐다. ISBN은 서점에서 공식적으로 유통을 하려면 반드시 필요한 국제표준도서 번호로 책의 주민증록번호나 마찬가지다. 전 세계에서 출간되어 유통되는 책이라면 반드시 달고 있어야 하는 번호인데, 내가 만든 컬러링북은 아직 번호를 부여받지 못했다. ISBN은 국가 번호, 출판 발행자 번호, 도서명 식별 번호 등이 13자리의 숫자 나열로 표시된다. 책에 찍혀진 도서번호와 바코드는 전 세계에서 유일한 책이라는 증거로 그만큼 중요한 ISBN이다.

ISBN을 알기 전과 알고 난 후 내 자식 같은 컬러링북은 달라진 게 없건만 왠지 너무 처량해 보였다. 이 모든 것이 무지몽매한 엄마 탓인 것만 같아 마음이 쓰라렸다. 그러나 자식을 세상에 내놓은 엄마로서 더 이상 주저앉아 있을 수만은 없었다.

"그래. 엄마가 ISBN을 달아서 너를 당당하게 만들어 줄게."

그때부터 어떻게 하면 ISBN을 달 수 있는지 백방으로 방법을 알아보기 시작했다. 블로그를 뒤져 정보를 찾고 지인들에게 물어물어 방법을 찾아냈다. 생각보다 어렵지 않았다. 해볼 만하겠다는 자신감이 생겨 하나씩 돌다리도 두들겨 간다는 심정으로 천천히 진행해 나갔다.

우선 출판사를 만들어야 했다. 출판사를 만든다는 것에 지레 겁을 집어 먹었지만 알아보니 생각보다 쉬운 절차였다. 해당구청에 가서 등록신청서만 작성하면 일주일 뒤 등록증이 나오는 간단한 절차였다. 출판사들이 우후죽순 나올 수 있는 배경이 바로 이것이었다. 떨리는 마음으로 구청에 가서 신청하고 일주일 만에 《수브레인》은 당당하게 출판사 신고증을 받았다.

이제 다음은 이미 인쇄한 책의 ISBN을 신청하는 본 게임이었다. 서지정보유통시스템에 접속을 해서 ISBN 발급 신청을 해야 하는데 용어들이 너무 낯설고 어려웠다. 분명 우리 한글인데 이렇게 이해가 안 간다니 난감했다. 이럴 때는 어쩔 수가 없다. 모르는 것을 전화로 하나하나 물어보면서 진행해 나갔다.

"아까 조금전에 전화로 문의한 사람인데요. 말씀해 주신 것은 했어요. 그다음에 이건 또 어떻게 하는 건가요?"

상대가 짜증스러워해도, 내가 창피해도 그게 뭐 대수인가? 호적에 올리지도 못한 우리 아이한테 ISBN을 달아주려면 이 정도쯤이야….

이렇게 해서 우여곡절 끝에 ISBN 발급 신청을 마쳤다. '일각여삼추'라는 말이 이런 느낌이구나 실감하는 하루하루였다. 기다림으로 눈이 빠지고 목이 늘어질 즈음 ISBN 발급이 승인되었다는 문자 대신 전화 한 통이 걸려왔다.

"거기 딸이 찾아주는 엄마의 그림책인가요?"

"네."

"저희는 안동에 있는 성인문해사업을 하는 기관인데요. 어르신들 선물 주문을 하려고 합니다."

당연히 기관에서 주문전화가 걸려오면 뛸 듯이 기뻐야 하는데 아직 ISBN을 달아주지 못한 처지라 주문전화에 오히려 마음이 오그라들었다.

"네. 몇 권이나 주문하려고 하시는데요?"

반색하지 않고 떨떠름한 응대에 아마도 상대는 의아했을 것이다.

"색연필과 함께 500세트를 주문하려고 합니다."

이게 웬일이야. 첫 주문에 500세트라니 놀라 기절할 지경이었지만 속이 상했다. 이 말을 해야 하나 말아야 하나 고민에 빠졌다.

"근데 말씀드릴 것이 있는데요."

목소리가 기어 들어갔다.

"저희가 시작한 지 얼마 되지가 않아서요. 책에 ISBN을 붙이지 못했어요. 준비하는 데 시간이 조금 걸리는 데 괜찮으실까요?"

왕초보 사업가라 몰라도 너무 몰랐다. 이런 큰 고객은 일단 붙들어 놓고 보아야지, 솔직함이 능사가 아닌데 지금 생각하면 안타까운 일이 아닐 수 없었다.

"뭐 붙어야 하는 게 없으면 안 되는 건가요? 저희는 그런 것 별로 상관이 없는데요."

잔뜩 주눅이 들어 겨우 말을 꺼냈지만 정작 상대방은 그게 대수냐는 식의 반응이었다.

"그래도 정부 예산으로 구입하시는 거면 나중에 문제가 될 수도 있으니 조금만 기다려서 정식으로 ISBN 부착된 책을 받아보시는 게 좋을 듯합니다."

"네. 그럼 다시 연락드릴게요."

전화를 끊고 나니 창피하고 허탈했다. 황금 같은 이 기회를 놓치면 안되는데 후회막심이었다. 머릿속이 바빠졌다. 분명 그쪽에서는 ISBN같은 거 신경쓰지 않는다고 말을 했으니 다시 전화 걸어 그냥 납품하겠다고 말해볼까 싶었지만 그건 아니지 싶었다. 전화를 끊고 나서 "이런 곳이 다 있어."하고 혀를 끌끌차며 다시는 연락을 해 올 것 같지 않았다.

'아니지, 아니야. 생각하는 대로 이루어진다고 했는데 이렇게 자꾸 부정적인 생각을 하면 안 되고말고. ISBN이 일주일이면 나온다고 했으니 이제 곧 나올 테고 그걸 스티커로 인쇄해 책에 부착만 하면 돼.'

부정적인 생각과 긍정적인 생각이 엎치락 뒤치락하며 마음속이 흙탕물이었다. 전화 받을 때 ISBN 이야기는 괜히 꺼내 가지고 이 사달을 만들어. 마음 속으로 머리를 수도 없이 쥐어박았다. 그러나 만약에 발급에 문제가 생겨서 일정에 차질이 생기면 거짓말을 한 게 되는데 새가슴이라 그런 배짱도 없었다. 인연이 되려면 다시 연락이 올 것이고 아니면 아닌 게지. 애써 스스로를 위로했다.

발급받은 ISBN을 스티커로 만들어 천 권의 책에 하나씩 붙이고 있던 어느 날 반가운 전화가 걸려왔다.

"딸이 찾아주는 엄마의 그림책이죠?"

"네."

낯익은 사투리가 반가운 마음에 덥석 손이라고 잡고 싶은 심정이었다.

"지난번에 전화 드린 안동에 있는 기관인데요. 주문 넣으려고 하는데 이제는 가능하실까요?"

한껏 올라간 솔~의 음성으로 힘차게 대답했다.

"네. 이제는 정식으로 ISBN을 부착했으니 주문에 아무 문제 없습니다!"

인쇄된 ISBN 대신 스티커로 붙여진 ISBN을 달고 《딸이 찾아 주는 엄마의 그림책》은 대장정에 나섰다. 대량 주문의 첫 문을 열어 준 안동의 기관과는 그 이후 특별한 인연으로 이어졌다. 주문을 해 주셨던 담당자의 진심 어린 후기가 4권 민화 편에 실렸다.

"어르신들 작품을 사진 작업을 해서 유튜브에 올려드리려고 하는데 완성하신 책을 전달받을 수 있을까요?"

수브레인의 제안에 담당자의 걱정 어린 대답이 돌아왔다.

"어르신들에게 그게 보물 같은 거라 꼭 돌려 드려야지 중간에 없어지기라도 하면 정말 큰일납니다."

꼭 돌려 드린다는 약속 뒤에 서툰 솜씨지만 유튜브로 만들어 올렸다.

"어르신들이 텔레비전에 나왔다고 좋아하세요."

"가족들이 어르신 색칠한 그림을 영상으로 보니 엄마가 화가가 된 것 같다고 기뻐하시네요."

이렇게 어르신들의 인생 그림 에세이가 만들어졌고 가족의 기쁨이 되었다. 어르신들의 또 다른 화양연화였다.

8권의 시리즈를 만든 지금 첫째 아이는 다른 아이들에 비해 차림새가 많이 부족한 게 사실이다. 배우면서 만든 책이라 모든 면에서 조금씩 부족할 수밖에 없다. 그러나 그 아이는 엄마와 함께 힘든 시간을 함께 했기에 든든한 동지애가 느껴져 친구 같은 아이다. 깨물어 안 아픈 손가락이 없다지만 유독 더 아픈 손가락이다. 호적에 못 올린 아이처럼 미안했던 첫째도 이제는 개정판으로 예전의 모습과는 달라졌지만 여전히 어수룩한 모습이 보인다. 어수룩한 첫째는 힘든 순간마다, 붕 떠서 초심을 잃는 순간마다 나를 잡아주는 그런 존재다. 맏이는 역시 맏이다.

오십대의 내가 두 번째 스무 살의 나에게 해 주는 이야기

시작은 미미하나 끝은 창대하리라.
누구에게나 초라한 시작이 있다.
새로운 도전을 하려면 망설여지는 게 사실이다.
초라한 시작이 싫어 첫걸음을 내딛지 않는다면 늘 남들의 성공에 박수를 칠 수밖에 없다. 이제는 박수치는 나를 넘어 박수를 받는 내가 되어 보자.

| 추천하는 책 |

《웰씽킹》 켈리최 (다산북스)

NO 16.

· · ·

대형서점에 입성, 실화인가요?

ISBN이 없어 호적에도 못 올리는 처량한 신세의 컬러링북으로 시작했다. 그러다 정식으로 출판사를 만들어 출판하게 되니 대형서점에서 당당하게 팔아보고 싶다는 꿈이 생겼다. 꿈을 꾸면 꿀수록 사이즈가 점점 커졌다.

교보문고 매장에 내가 만든 책이 진열되어 팔린다는 것은 꿈과도 같은 일이었다. 언감생심, 그건 내가 꿀 수 있는 꿈이 아니라고 스스로 단념하고 있었다. 그러던 어느날 사업자 모임에서 알게 된 분이 "교보문고에 아는 선배가 있는데 소개해줄까요?"하고 귀가 솔깃해지는 제안을 했다. 이 말을 듣자마자 "그렇지 모든 게 아직은 인맥이지."하는 생각이 들었다. 그렇다면 이분을 통해 연줄을 놓으면 교보문고에 입성할 수 있을까?

그런데 냉정을 찾고 곰곰이 생각해 보니 청탁을 넣어서 하는 게 과연 좋은 방법일까 하는 의문이 들었다. 정문이 아니라 뒷문 개구멍으로 들어가는 것 같은 찜찜한 기분이었다. 사실 들어간다는 보장도 할 수 없지만 내 다리로 걸어 들어가는 게 아니라 업혀 들어가면, 과정에서 주도권을 가질 수 없을 것 같았다.

요즘 세상이 어떤 세상인데 지름길로 편히 가려다 황천길로 가는 게 아닐까 걱정이 되었다. 정중하게 도와주시려는 마음만 받고 스스로 도전해 보기로 했다. 지금 와서 생각해 보면 대형서점 입성을 엄두조차 내지 못하던 나에게 도전의 불씨를 당겨 준 그분께 감사하는 마음이다.

그때부터 어떻게 하면 대형서점에 입점할 수 있는지 차근차근 알아보기 시작했다. 《불행 피하기 기술》에서 롤프 도벨리는 말했다. "숙고하는 것이 손전등이라면 행동하는 것이 전조등이다. 행동의 빛은 보이지 않는 세상을 훨씬 더 멀리까지 비춘다. 그러므로 흥미롭고 새로운 장소로 나아가려면 고민의 손전등을 꺼야 한다."

대형서점에 들어갈 수 있을지, 입점한다고 해도 과연 내 책이 팔릴 것인지 그런 고민의 손전등은 끄기로 했다.

아는 만큼 보이는 세상이라고 관심을 갖고 찾아보기 시작하니 대형서점 홈페이지 하단에 제휴 신청할 수 있는 방법이 있음을 알게 되었다. 당시는 코로나가 위세를 떨치면서 모든 것이 비대면으로 이루어지고 있던 시점이라 초짜에게는 더할 나위 없는 호재였다.

처음 해보는 일인지라 심봉사 더듬더듬 길 찾아가듯 신청서를 작성했다. 그러다 배본사를 적는 란에서 막혔다. 배본사는 용어부터 낯설었다. 배급사는 알겠는데 배본사란 건 도대체 뭘까? 검색해 보았다. 배본사란 것은 책을 창고에 보관하면서 서점에서 주문이 들어오면 대신 배송해주는 업체로 제휴 신청 시 배본사를 적게 되어 있었다. 나름대로 정보를 입수한 뒤 지인 찬스를 이용해 배본사를 소개받았다. 모를 때는 나보다 한 발 앞서간 사람에게 물어보는 것이 최선이다. 모르면서도 아는 척하는 것이 부끄러운 일이지, 물어보면서 하나씩 배워가는 것은 성공으로 가는 습관이라는 생각에 주저 없이 물어보았다.

일본의 일론 머스크라고 불리우는 호리에 다카후미가 《가진 돈은 몽땅 써라》에서 '남에게 기대는 능력도 필수'라고 말한 것을 귀담아 들을 필요가 있다. 세상에는 도움을 요청하면 흔쾌히 어깨를 내어줄 사람이 의외로 많다는 것이다. 김찬배의 《요청의 힘》에도 "성공은 내가 하는 것이 아니라 남이 시켜주는 것이다. 혼자 힘들어하지 마라. 사람들은 당신의 성공을 도와줄 준비가 되어 있으니 요청하라."고 하지 않는가. 요청의 힘을 상기시켰다. 내게 부족한 것은 요청의 힘으로 메꾸어 나갔다.

소개받은 배본사의 이사님과 전화통화를 하면서 처음하는 거라 아무것도 아는 게 없다고 상황을 솔직하게 이야기하고 도움을 요청했다. 요청할 때 솔직함은 강력한 무기가 된다. 약한 모습 보이지 않으려고 애써 꾸며도 다 드러나는 법이다. 차라리 솔직하게 고백하고 도움을 요청하는 게 백번 낫다.

대형서점 입점이 처음임에도 도와주는 분들 덕분에 무리 없이 처리할 수 있었다. 그러나 세상은 생각처럼 녹록치 않음을 알게 되는 일 또한 그 뒤로 많았다. 솔직하게 형편을 털어놓고 도움을 요청하면 흔쾌히 도움의 손을 내미는 분들이 많지만 도움을 가장하고 있지만 잡아서는 안 되는 손도 많다. 왕초보 사업가는 더욱 그렇다. 왕초보 운전자라고 커밍아웃하면 오히려 무시당한다고 해서 초보가 아닌 양 다니는 경우도 있다는데 그 마음이 이해되었다.

돌다리를 두드려가는 심정으로 신청 서류를 접수하고 나니 그렇게 뿌듯할 수 없었다. 사진 스캔하는 것을 몰라 아이를 스키캠프에 보내지 못했던 컴맹이 이젠 필요한 서류를 다운 받고 스캔해서 온라인으로 접수를 마쳤다는 사실에 너무나도 감격스러웠다. 거북이처럼 더디기는 하지만 하나씩 작은 성취를 쌓아가면서 성장하는 맛이 짜릿했다.

교보문고에 신청서를 접수하고 나니 목은 길게 늘어지고 눈이 빠질 지경이었다. 3일째 되던 날 담당자에게 전화가 걸려왔다. 신청 서류를 잘 검토했다면서 공급률 이야기를 꺼냈다. 사전에 배본사를 통해 정보를 얻지 못했다면 그게 무슨 말인지도 몰랐을 것이고 입점시켜주는 것만 감지덕지해서 그쪽에서 하자는 대로 굽신거렸을 것이다. 이미 사전에 정보를 입수한 터라 주눅 들지 않고 공급률부터 납품방식에 대해 순조롭게 이야기를 나누었다. 그래도 모르는 것이 많아 이해가 안 될 때는 모르면서 아는 척하지 않고 처음이어서 모르니 설명을 자세히 해 달라고 부탁했다. 웃는 얼굴에 침 뱉는 사람 없는 법, 모른다고 자세히 설명해 달라는데 그것도 모르냐며 쏘아붙이는 이는 없었다.

산 넘어 산이라더니 전화미팅이 끝나고 계약서를 쓰는데, 이 또한 생소한 전자계약서였다. 낯선 전자 계약서라니 겁이 났다. 계약서는 왜 그리 내용이 많은지 한글이건만 읽어도 무슨 말인지 모르는 것이 대부분이었다. 빨리 계약을 하고 싶은 마음은 굴뚝같았지만 모르고 덥석 했다가 나중에 곤경에 처하면 안 되니 여러 번 메일로 물어가면서 담당자를 귀찮게 했다. 체면보다는 안전과 실속이었다. 도장이라 하면 인주를 묻혀 찍는 것만 알고 있는 아날로그형 인간이 디지털 인간으로 변신하는 순간이었다. '나 전자 계약서 써 본 사람이야~.'

교보문고와의 계약을 마치고 나니 엄청난 대업을 이룬 것 같은 뿌듯함 속에 긴장이 풀렸는지 기운이 쭉 빠졌다. 그래도 늘어져 있을 시간이 없었다. 계약서에 도장을 찍었다고 끝이 아니었다. 온라인에 올릴 자료를 보내느라 쉴 틈이 없었다. 밤을 새우다시피 해서 자료를 보내고 어떤 식으로 《딸이 찾아주는 엄마의 그림책》이 온라인에서 보여질까 두근두근하는 마음으로 기다렸다.

기다림 속에 교보문고 온라인 페이지에 책이 업로드되었다. 출판기획자와 저자의 공동 역할로 책을 대형서점에 올리는 데 성공했다. 과정을 처음부터 끝까지 해낸 뿌듯함은 감동 그 이상이었다. 가문의 영광이요, 앞으로 내가 해내지 못할 일은 없을 것 같은 자신감 충만이었다. '나 이제 소비자가 아니라 공급자야~.' 처음이 어렵지 교보문고에 들어가고 나니 다른 대형서점 계약은 수월했다. 첫 단추만 잘 꿰면 다음 단추부터는 척척임을 배웠다.

기어 올라가기에 턱없이 높은 산이라 하여 쳐다보고만 있었다면 아마 지금의 수브레인은 없었을 것이다. 노자의 도덕경에 이런 말이 있다.

"천하의 어려운 일은 반드시 쉬운 일에서 시작되고 천하의 큰 일은 반드시 작은 일에서부터 시작된다."

큰 것은 더 어려워 보이는 법이다. 엄두가 나지 않는 일도 잘게 쪼개서 하나씩 차근히 해나가다 보면 어느새 이루어질 수 있다.

| 교보문고 전시

오십대의 내가
두 번째 **스무 살**의
나에게 해 주는 이야기

코로나가 세상을 뒤흔들 만큼의 위기였지만 위기를 기회란 다른 이름으로 본 사람들은 이전보다 더 큰 성공을 이루었다.

세상의 흐름에 따라 기회는 매번 다른 모습으로 찾아온다. 세상 속에 예민한 안테나를 세워두고 기회를 포착해야 한다.

| 추천하는 책 |

《가진 돈은 몽땅 써라》 호리에 다카후미(쌤앤파커스)

NO 17.

:
:
:

김치국을 사발째 드링킹

스마트폰 벨이 울렸다.

모르는 번호였다.

순간 긴장했다. 누구지?

예전에는 모르는 번호로 걸려오는 전화는 스팸이거니 생각하고 받지 않았다. 사업을 시작하고 난 뒤에는 모르는 전화번호라고 받지 않을 수가 없었다. 고객의 컴플레인 전화일 수 있고 잠재고객이나 업체의 문의전화일 수도 있기 때문이다.

사업 초기인지라 모르는 번호의 전화가 걸려오면 동공이 흔들리고 머리가 쭈뼛 섰다.

'무슨 문제가 생긴걸까?' 심장이 쿵쾅쿵쾅.

'거기 딸이 찾아주는 엄마의 그림책 수브레인인가요?'

젊은 남성의 전화였다. 전화의 음성이 차분하고 젠틀한 것이 일단 컴플레인은 아닌 것같아 안심이 되었다.

"네. 맞습니다."

"저는 쿠팡의 매니저인데요."

전화 용건인 즉슨 《딸이 찾아주는 엄마의 그림책》이 너무 좋아 쿠팡 입점을 제안한다는 것이었다.

'어머나 이게 웬일이야? 드디어 대박이 나는 건가?'

투자의 귀재 손정의가 알아본 쿠팡이 아니었던가. 한 집 건너 국민들이 애용하는 쿠팡이 수브레인을 알아보고 입점 제안 전화까지 걸어오다니…. 감개무량했다. 이제 베스트셀러 찍는 것은 시간 문제가 아닐까 머릿속이 핑크빛으로 물들어갔다.

매니저는 자기 할머니 이야기까지 해 가며 너무 좋은 아이디어의 상품이라며 칭찬을 길게 늘어 놓았다. 자신도 지금 당장 구입해서 할머니에게 선물할 생각이라며 이렇게 좋은 제품과 함께하게 된다면 너무 좋을 것 같다면서 나를 하늘 높이 둥기둥기 헹가래를 쳐주었다.

이렇게 좋은 기회를 마다할 이유가 없지 않나. 바로 하겠다고 오케이하고 그날 당장 쿠팡 입점 계약서를 작성했다. 처음 대형서점에 입점할 때가 어려웠지 그 이후 다른 입점이 수월했던 것처럼 쿠팡 계약도 순조로웠다. 이제 쿠팡에서 내 책을 잘 팔 일만 남았네. 빨리 인쇄소에 연락해서 더 찍어야 하나? 룰루랄라 콧노래가 절로 나왔다.

붕 뜬 마음에 여기저기 전화를 걸어 쿠팡 입점 제안 소식을 알렸다. 지인들은 생산자의 세계를 모르는 순수한 소비자들인지라 "어머 대단하다. 쿠팡에서 너를 모셔간거야? 나 요즘 쿠팡만 쓰는데. 이제 대박나는 건 시간 문제구나." 하나같이 이렇게 말하면서 한껏 들뜬 나와 함께 김칫국을 주거니 받거니 러브샷으로 들이켜 주었다.

참 이상했다. 쿠팡에서 내어준 꽃가마를 타고 들어갔는데 매출이 일어나지를 않았다. 너무나도 잠잠했다. '뭐가 잘못된 건가? 아니지, 아니야 조금 더 시간이 필요할 거야. 밥을 짓는 데도 뜸을 들이는 시간이 필요한 건데….'애써 위안하며 기다렸다.

그렇게 뜸이 들기를 기다렸건만 밥은 지어지지 않았다. 아무래도 이상해서 이미 쿠팡을 비롯한 유명 플랫폼에 입점해있는 주변 대표님에게 조심스럽게 물어보았다.

"○○대표님, 쿠팡에 어떻게 들어갔어요? 제안서를 냈나요?"

나만 모셔 갔다고 하면 잘난 척이 될까 봐 에둘러 물어보았다.

"쿠팡에서 입점 제안 전화를 받고 들어갔어요. 입점할 업체 찾는 걸 전담하는 영업직이 있어요."

"그런 거에요?"

"대표님도 전화 받으셨구나. 다 그렇게 들어가요. 하루 종일 그런 전화만 돌리는 분들이 있어요."

아뿔사. 그런 거였구나. 수많은 업체 중 하나였던 거네. 기분에 취해 부어라 마셔라 했던 김칫국으로 뒤늦게 속이 쓰려왔다. 쿠팡은 검색을 기반으로 하는 시스템인지라 인지도가 없으면 매출이 일어날 수 없는 구조임을 뒤늦게 깨달았다. 아직까지 인지도가 미미한 《딸이 찾아주는 엄마의 그림책》은 모래사장의 모래 한 알갱이 같은 존재였던 것이다. 날개돋힌 듯이 책이 팔려나가는 모습을 상상하다가 이제는 밀랍으로 만든 날개가 녹아내려 수직낙하하는 순간이었다.

냉정을 찾고 나자 예전 아울렛에 쇼핑하러 갔을 때의 일이 생각났다. 어떤 매장에 들어갔는데 실내가 너무 어두웠다.

"여기는 도대체 옷을 사라는거야, 사지 말라는 거야? 어두워서 도대체 컬러를 구별할 수가 없네."

투덜대는 내게 같이 간 친구가 말했다.

"선글라스 좀 벗어. 시커먼 선글라스를 쓰고 있으니 어두울 수밖에."

뜨거운 여름날 밖에서 쓰고 다니던 선글라스를 끼고 있으니 어두울 수밖에. 쿠팡에 입점하면서 보았던 핑크빛은 내 마음대로 걸친 핑크빛 안경 덕분이었다. 슬그머니 핑크빛 안경을 벗었다.

왕초보 사업가는 좌충우돌 여러 가지 경험을 하면서 앞으로 갔다 뒤로 물러섰다 하면서 조금씩 성장해 나갔다. 눈 뜬 장님처럼 살아왔던 이전의 삶을 뒤로 하고 새롭게 세상에 눈을 뜨자 볼 것도 할 것도 너무 많았다. 무엇보다 긍정적인 생각과 근거없는 자신감을 구별하는 것이 필요했다.

데일 카네기는 "좋은 기회가 오지 않았던 사람은 아무도 없다. 단지 그것을 포착하지 못했을 뿐이다."라며 기회 포착의 중요성을 말한다. 반면 동기부여가 앤서니 로빈스는 "준비와 기회가 만나 행운이라는 결과를 낳는다."고 기회 포착에 대한 욕심에 일침을 놓는다. 준비가 미진한 가운데 찾아오는 기회는 오히려 불운일 수 있다. 왕초보 사업가가 준비도 안 된 상태에서 행운으로 붕 뜨면 오히려 망할 수 있음을 수많은 성공한 사업가들이 경고하는 이유다.

우리는 모두 인생을 경영하는 사업가다.

사업을 하려면 늘 땅 위에 발을 딛고 서 있는 현실감이 필요하다.

고객은 언제 마음이 변할지 모르는 아가씨 마음 같다. 근거 없는 자신감으로 아가씨에게 들이대면 싸대기를 맞는 봉변을 당할 수도 있다.

용감한 자는 미녀를 얻는다지만 그에 앞서 그녀의 마음에 수백 번도 더 들어갔다 나오는 과정이 필요할지도 모른다.

이심전심은 사업에서는 통하지 않는다.

| 추천하는 책 |

《사업의 철학》 마이클 거버(라이팅하우스)

《티켓》 이영석(차선책)

NO 18.

.
.
.

우리 아이가 어디로 갔을까요?

"대표님, 색연필은 200개 모두 도착했는데, 책은 왜 안 오는 거죠?"

"네? 책도 색연필과 함께 발송했는데요."

"오늘까지 기다리면 오겠지 했는데, 아직도 안 와서 이상해서 연락드렸어요."

전화를 끊고 나니 등에서 식은땀이 주르륵 흘렀다.

'우리 아이들이 도대체 어디로 간 거지? 실종된 건가?'

시간의 태엽을 거꾸로 감아 전화 주문받을 때의 벅차던 감동의 순간으로 돌아가 되짚어 보았다.

그날은 고양이 손이라도 빌리고 싶을 만큼 바쁜 날이었다. 택배 마감시간을 앞두고 정신없이 송장을 붙이던 중 전화를 받았다. 1인 사업가로 혼자 일당백을 해야 하니 자연스러운 모습이었다.

"안녕하세요. 거기가 딸이 찾아주는 엄마의 그림책을 만드는 곳인가요?"

"(숨찬 목소리로) 네."

"저희는 광주에 있는 기관이에요. 어르신들에게 선물로 컬러링북 세트를 준비하려고 연락을 드렸어요."

"수량은 얼마나 생각하시는데요?"

"200세트를 하려고 해요."

그 말을 듣는 순간 머릿속에서 골든벨 종소리가 울렸다. "닐리리야 닐리리맘보~~." 노래가 절로 나왔다. 순간 너무 좋아하는 티를 내면 안 되지. 애써 흥분되는 마음을 가라앉히고 늘 이런 주문이 다반사라는 듯이 감정을 억누르고 "네 그러시군요."하고 담담한 어조로 전화를 받았다.

"가격은 어떻게 해 주실 수 있어요?"

대량 주문이니 응당 할인되리란 기대 섞인 당당한 질문이었다.

"도서정가제 때문에 10% 이상 할인을 해 드릴 수가 없어요. 아시다시피 색연필도 저희가 서비스 개념으로 거의 마진 없이 드리는 거라 할인이 어렵구요. 대신 책과 색연필을 넣을 수 있도록 자체 제작한 파우치를 서비스로 드려요."

"어머 그래요? 좋네요. 다시 의논하고 연락드릴게요."

주문으로 이어지리라 기대했는데 전화가 뚝 끊겼다. 끊어진 전화에 대고 "어머나 저 고객님~~"이란 말이 튀어나올 뻔했다. '가격 조정을 해보겠다고 했어야 하나? 다시 전화 안 오면 어쩌지?' 저질러놓고 늘 뒷북치며 후회하는 것이 왕초보 사업가의 영업 스타일이었다. 그렇다고 모양 빠지게 "의논해 보니 가격 조정이 가능할 것 같습니다."하고 바로 뒷북 전화를 할 수도 없는 노릇이었다.

마음을 졸이면서 시간을 보내다 포기할 즈음 2주일이 지나 계약이 성사되었다. 기관의 경우 일반 소비자와는 달리 계약까지 거쳐야 하는 절차가 꽤나 복잡하다는 걸 처음에는 잘 몰랐다. 계약이 되고 입금이 확인된 다음 바로 아이들을 전라도 광주로 장거리 행차를 준비시켰다.

지금은 배송시스템이 마련되어 대량 주문은 배본사에서 처리하지만 그때만 해도 우체국까지 낑낑거리며 박스를 싣고 가서 택배를 보내던 시절이었다. 그쪽에서 받을 입장은 생각지 않고 택배 비용을 아끼려고 한꺼번에 많이 넣는 무리수도 있었다.

무거운 택배의 경우 우체국 방문 접수를 할 수도 있었지만 한 푼이 아쉬운 왕초보 1인사업가는 몸이 고생하는 편을 택할 수밖에 없었다. 게다가 모든 택배를 집에서 처리했기 때문에 책이 전량 집에 보관되어 있었다. 책이 담긴 수십 개의 박스들이 집 여기저기에 산처럼 쌓여있는 걸 바라볼 때 느끼는 중압감은 엄청났다.

우체국에서 가장 큰 박스를 사다 200권의 책을 차곡차곡 담아 보냈는데 그게 도착을 안 했다니 귀신이 곡할 노릇이었다.

"복지사님, 다른 분이 받은 것이 아닐까요?"

"주변의 다른 분들에게 모두 물어보았는데 모른다고 하시네요. 제가 여기저기 다 찾아보았어요. 배달사고인 것 같은데 어느 택배로 보내셨죠? 배달사고가 꽤 많던데요."

200권의 아이들이 길을 잃고 울며 헤매는 모습이 눈에 선했다. 우체국 홈페이지에 접속해서 택배 담당자 연락처를 찾았다. 그런데 이게 웬일인가? 그분은 분명히 그곳에 배송을 마쳤다는 게 아닌가. 얘네들이 땅으로 꺼졌나 하늘로 솟았나? 입이 바짝 바짝 타들어갔다.

보낸 사람은 있는데 받은 사람은 없다니 분명 배달사고가 분명했다.

"이것이 배달사고라면 다시 200권의 책을 보내야 하나? 두 권도 아니고 200권인데 마진은커녕 손해만 눈덩이인데 우짜지?" 해결을 위해 뛰어도 시원찮을 판인데 주저앉아 울고만 싶었다. 그렇게 또 일년 같은 하루가 흘렀다.

힘없이 사무실 책상에 앉아 있는데 전화가 울렸다.

"대표님, 찾았어요."

"네? 어디서요?"

너무 기뻐서 가까이 있다면 손이라도 잡고 펄쩍펄쩍 뛰고 싶었다.

"저희 기관이 규모가 커서 건물이 세 동이에요. 다른 동에 있는 직원분이 받아서 박스가 크니 식당 부자재인 줄 알고 식당 창고에 넣어 났다는 거에요. 혹시나 하고 식당에 가 보았는데 글쎄 거기에 있지 뭐에요."

"네, 네, 감사합니다. 감사합니다."

"식당에 안 가 봤으면 어쩔 뻔했어요?

대표님이 받는 사람을 담당자인 제 이름으로 안 보내고 우리 기관 대표님 이름으로 보내셨더라구요. 그래서 제게 전달이 바로 안 되었나봐요."

아뿔사. 왕초보 사업가는 대량주문은 대표 이름으로 보내야 하는 게 예의가 아닌가 싶어 기관 대표님의 이름으로 보냈던 것이다. 담당자 이름과 연락처를 적어야 확인이 바로 되는 걸 미처 몰랐던 허당 왕초보 사업가. 어처구니없는 실수를 통해서 하나씩 배워 나갔다.

소설가 베르나르 베르베르는 말했다.

"나는 날마다 배웁니다. 뭔가 새로운 것을 얻지 않은 날에는 시간을 잃어버렸다고 여깁니다."

베르나르 베르베르의 말처럼 가슴을 졸였던 날 시간을 얻었다. 실수가 오히려 배움의 기회가 되었고 크고 작은 실수를 통해 점점 사업가로서의 근육이 키워졌다. 내게 사업은 또 다른 인생을 배우는 학교나 마찬가지였다.

실수는 누구나 할 수 있다. 그러나 똑같은 실수를 반복해서는 안 된다. 실수를 하고 나서 얼마나 사후처리를 잘하느냐에 따라 오히려 전화위복이 되기도 한다. 지금 와서 생각해 보면 일당백으로 모든 일을 해야만 했던 열악한 환경 속에서 했던 실수들이 나를 키웠단 생각이 든다.

아직도 실수는 여전하지만 똑같은 실수는 반복하지 않으려 하고 실수를 통해 꼭 배움을 얻으려 한다. 실패는 성공의 어머니라는 말이 있다. 어머니가 아무나 쉽게 될 수 없듯이 실패 또한 성공이 되기는 쉽지 않다. 그러나 불가능한 것은 아니다. 어머니처럼.

오십대의 내가
두 번째 스무 살의
나에게 해 주는 이야기

실수에서 많은 것을 배울 수 있다면 그만한 경험이 없다.
실수와 실패담은 꼭 노트에 기록하자.
실수를 통해 배워 나가는 과정을 담은 노트는 반짝거리는 아이디어로 채워진 노트 이상의 효과를 보여줄 것이다.

| 추천하는 책 |

《어느날 400억 원의 빚을 진 남자》 유자와 쓰요시 (한빛비즈)

NO 19.

· · ·

언제나 고객이 답

"대표님, 색칠한 그림을 끼울 수 있는 액자를 만들면 좋을 것 같아요."

기관에 납품하면서 만난 담당자가 말했다.

"액자가 필요하신가요?"

"그럼요. 기관에서는 아이템을 진행하는 과정도 중요하지만 결과를 대외적으로 보여주는 것도 필요하거든요."

"진짜 그렇겠네요"

"그럼요. 어르신들도 그래야 성취감을 느끼실 수 있고요."

맞다. 아이가 초등학교에 들어가면 학부모 참관수업을 하는데 그때 가장 먼저 눈길이 가는 것이 무엇인가? 바로 내 아이의 작품이다. 찾아보는 것에 그치지 않고 열심히 사진을 찍으며 아이의 소중한 작품을 기록으로 남기고 싶어 하는 것이 부모 마음이다.

여기에 우리의 고객님을 대입해 본다면? 나 혼자만 색칠하고 마는 게 아니라 액자에 끼워서 벽에 걸려 전시가 되면 너무 뿌듯하고 가족들에게 자랑하고 싶어질 것이다.

왜 이런 생각을 못 했을까? 아무리 열심히 색칠했어도 나 혼자만 보는 것만으로는 감흥이 적고 성취감도 별로다. '내가 그의 이름을 불러 주었을 때 비로소 나에게로 와서 꽃이 되었다.'는 김춘수님의 시처럼 어르신들의 색칠도 액자에 끼워져 모두가 보란 듯이 전시하는 순간 관객이 있는 작품이 된다.

예산이 빠듯한 기관에서 정식 액자에 끼워서 전시를 하기에는 비용면에서 부담스럽고, 그렇다고 색칠그림만 덩그라니 붙여 전시하기에는 알몸으로 남 앞에 나서는 것 같이 부끄럽다. 비교적 쉽고 저렴한 방법으로 전시하려면 페이퍼 액자가 제격이다. 가장 마음에 드는 색칠그림을 뽑아 페이퍼 액자에 끼워 전시하면 더할 나위없이 풋풋한 전시회가 될 것이다.

당장 시중에 나와있는 페이퍼 액자를 검색해 보았다. 대중적으로 많이 쓰이는 작은 사이즈는 가격이 저렴한 반면 우리 책에 맞는 사이즈는 가격이 훌쩍 뛰었다. 시장조사를 해야 하니 모든 종류를 주문해 보았다. 그런데 문제가 있었다. 《딸이 찾아주는 엄마의 그림책》에서 그림을 절취하는 순간 잘려나가는 부분이 있어서 A4 규격 사이즈에 맞지 않았다. 내 발이 쏙 들어가는 신데렐라의 유리구두 같은 페이퍼 액자가 필요했다. 치수를 재서 주문 제작으로 받아본 페이퍼 액자는 그림이 쏙 들어가 만족스러웠지만 문제는 가격이었다. 페이퍼 액자가 생각보다 비싼 데다 주문 제작이라 가격이 껑충 뛰었다. 고민이 시작되었다. 고객을 위해서라면 꼭 필요한 거지만 사업의 수익성이 현저히 떨어졌다. 수지타산이 안 맞는 아이템이었다.

'어떻게 해야 하나? 그렇다고 마진을 붙이면 고객 입장에서 수용하기 힘든 부담스러운 가격인데….'

패션의 완성은 구두라는 말처럼 컬러링의 완성은 액자에 들어가는 순간이다. 고민 끝에 고객을 위한 서비스 차원에서 마진 없이 기관에 제공하기로 했다.

이렇게 《딸이 찾아주는 엄마의 그림책》 페이퍼 액자 삼총사(화이트, 금박을 입힌 블랙, 크래프트)는 세상에 빛을 보게 되었다. 고객을 위한 마음으로 만들어진 페이퍼 액자는 기관에서 마지막 수업시간에 빛을 발한다.

색칠할 때는 "이까짓 걸 부끄럽게 어떻게 자식에게 보여줘?"라며 손사래를 치던 어르신들이 막상 마지막 시간에 액자에 끼워진 자신의 작품을 보면 감탄을 연발한다. "옷이 날개라더니 내 그림이 여기에 들어가니 그럴 듯해 보이네." 입꼬리가 올라가며 미소가 번진다.

우리는 인생에서 누구나 각자의 고객을 가지고 살아간다. 사업이나 강의를 위해 모객을 하지 않으면 영업이란 것이 나와 아무 상관없는 세계라고 생각할 수 있다. 달리 생각해 보면 가족도 고객이고 관계를 맺는 친구, 지인, 선후배, 직장 동료 모두 이를테면 내 인생의 고객이다.

금전적인 것이 오고 가야만 고객이 아니라 마음이 오고 가는 것에도 고객이 생긴다. 가화만사성이 되려면 가족이라는 고객 관리가 잘되어야 한다. 가정이 어떻게 해야 잘 굴러가는지 생각해 보면 사업상 고객 관리도 답을 얻을 수 있다.

사업을 하는 사람에게 고객은 내 운명을 쥐고 있는 절대적인 존재다. 고객의 말 한마디, 눈짓, 표정 하나 놓칠 수 없는 부분이다. 기관 담당자의 말 한마디를 놓치지 않고 새로운 아이템으로 만들어 낸 결과 고객의 만족을 더 끌어낼 수 있었다.

"한 명의 고객에게 베푼 호의는 100명의 고객을 데리고 온다."고 아마존 CEO 제프 베조스는 말한다.

고객을 바라보는 새로운 시각으로 성공한 사례로 일본의 츠타야서점을 꼽을 수 있다. 일본의 대표적인 기업 CCC의 츠타야서점은 일본의 라이프스타일을 판매하는 서점이다. 일본 도쿄에 갔을 때 금싸라기 같은 땅에 세워진 다이칸야마 츠타야를 방문하고 참으로 놀랐다. 이제까지 알고 있던 서점의 공식을 뛰어넘는 파격적인 공간 설계가 신기했다. 츠타야는 단순히 고객이 필요한 물품을 사러오는 곳이 아니라 자신의 삶을 체험하고 즐길 수 있는 신개념의 오프라인 공간이다. 손으로 만져지는 물건을 파는 것을 넘어 손에 만져지지 않는 라이프 스타일을 제안하고 판매하는 곳이다.

츠타야를 방문할 계획으로 그 전에 츠타야의 창업자 무네아키의 저서를 여러 권 읽었다. 《츠타야 수수께끼》에는 무네아키의 독특한 성장 배경에 대한 이야기가 나온다. 무네아키가 고객을 단순히 물건을 사는 대상을 뛰어넘는 존재로 보게 된 배경이다. 무네아키는 매춘 방지법이 발효되기 전까지 유곽(지금으로 치면 성매매업소)에서 성장했다고 한다. 유곽이란 곳은 가장 근원적인 인간의 쾌락이 민낯으로 보이는 일반적이지 않은 현장이다. 그런 현장 속에서 사람들을 관찰자적인 입장에서 지켜 보았던 무네아키는 차별화된 고객관을 가질 수 있었다. 사람이 근원적으로 원하는 것이 무엇인지, 사고파는 거래에 대한 근본적인 통찰이 이루어졌으리라 생각된다.

고 이건희 회장 또한 살아 생전 직원들에게 필히 소설을 읽으라고 권장했다고 한다. 누군가에게 무엇을 팔고자 한다면 사람의 마음을 읽는 것이 기본이고 소설 속에는 다양한 인간 군상의 모습이 녹아있기 때문이라는 그의 이야기에 공감이 간다.

마케팅 관련 책마다 빠지지 않고 주장하는 것이 고객의 마음이다. 날로 변덕스러워지고 복잡해지는 고객의 마음을 안다는 것은 참으로 어렵다. 처음에는 연애를 시작하는 마음으로 고객의 마음을 얻기 위해 레이더를 집중시킨다. 어느 정도 관계가 형성되었다 싶으면 잡아놓은 물고기처럼 안심한다. 이때부터가 위험하다. '내 고객은 내가 안다.'는 자만심이 스멀스멀 올라오면서 내 마음대로 하려는 교만한 마음이 생긴다. "나만 따라와!" 고객이 원하는 것보다 내가 좋아하는 걸 우선하면서 고객과의 거리가 생기기 시작한다.

고객은 늘 팔랑팔랑 움직이는 소녀의 마음처럼 생각해야 한다. 고객을 아는 것이 어렵고 고객의 마음에 맞추는 것이 어려워 일찌감치 포기해야겠다는 생각이 든다면 포기하지 말기 바란다. 우리에게는 가족이라는 가깝지만 정말 어려운 고객이 있기 때문이다. 대화도 안 통하는 막무가내 아기 고객을 상대한 경험부터 금성과 화성으로 태생부터 다른 남편이라는 특이한 고객, 진상짓을 하는 사춘기 자녀 고객, 시금치도 싫어하게 만드는 시월드 고객에 이르기까지 다양한 고객을 응대한 경험으로 만들어진 내공이 있다.

까다로운 고객과 충성 고객은 한끗 차이이다. 우리는 이미 숙련된 고객 관리의 달인이다. 탄탄한 기본기를 갖추고 있기에 영업의 세계로 뛰어드는 것을 두려워하지 말자. 이미 경험은 충분하다! 상대의 말을 귀담아듣는 열린 귀만 보태면 무엇이든 할 수 있다.

우리는 모두 인생을 경영하는 경영인이다.
고객 한 명의 마음을 사로잡을 수 있다면 그 뒤에는 백 명이 따라온다.
우선 한 명의 마음을 얻는 데 정성을 기울이자.
경영과 사업은 결국 사람의 마음을 얻는 일이다.

| 추천하는 책 |

《라이프 스타일을 팔다》 마스다 무네아키(베가북스)

《내 운명은 고객이 결정한다》 박종윤(쏭북스)

NO 20.

·
·
·

인연과 인맥

"강의 수강료가 200만 원이라고? 200만 원이면 아이 학원을 몇 개 더 보낼 수 있는 거지?" 머릿속에서는 주판알이 열심히 굴러 다녔다. 유명 아카데미에서 내로라하는 강사진으로 CEO를 위한 클 래스를 모집한다는 소식을 들었다.

"대학 들어갈 아이 학원비가 중요하지, 그 강의를 듣는다고 사업 이 불 일어나듯 일어날 것도 아닌데 거액을 주고 듣는 게 맞을까?"

고가의 수업료에 입이 떡 벌어졌지만 한편으로는 쪽집게 과외 처럼 유명 강사진으로 된 클래스를 수강해 지름길로 질러가고 싶은 욕심이 생겼다.

사람은 돈의 무게에 걸맞는 기대를 갖는다. "어떤 강의를 듣던지 강의 결제를 하기 전에 수강료를 언제까지 회수할 것인지를 결정하고 시작하라."는 말이 있다. 왕초보 사업가는 돈의 회수 시기는 안중에도 없이 돈의 무게만큼 무언가 얻게 되리란 얄팍한 기대로 묻지도 따지지도 않고 수강료를 결제했다.

지금 생각해 보면 어떤 것은 맞고 어떤 것은 틀렸다. 강의 내용은 참 좋았다. 그러나 강의를 들으러 가는 내 마음이 사심으로 가득 차 헛된 미래를 꿈꾼 것은 참으로 어리석었다. 강의를 통해 내가 얻게 될 것과 얻어야 할 것에 대한 명확한 목적없이 무턱대고 들이댄 왕초보 사업가의 뻘짓이었다.

여섯 시 식사부터 시작되는 강의는 본 강의에 이어 늦은 시간 뒷풀이까지 이어졌다. 이 강의를 들을 때만 해도 아직 명함에 잉크도 안 마른 왕초보라 CEO 클래스라는 자리가 어색하기만 했다.

바짝 긴장을 하고 강의장에 들어간 탓인지 강의가 끝나고 나면 늘 진이 빠졌다. 강의의 백미는 이어지는 뒷풀이에 있었다. 친목을 위한 자리가 아닌 만큼 자기 사업에 도움이 될만한 사람과 가까이 앉아서 소득 있는 이야기를 나누려는 치열한 기싸움이 느껴졌다. 강사님 옆에 앉으려는 자리 쟁탈전이 소리 없는 전쟁같았다.

그런 기싸움에 끼어들 배포가 아직까지 내게는 없었다. 억지로 끌려간 소마냥 변두리에 앉아 자리만 지키고 앉아 있었다. 정작 그 자리에서 얻은 것은 유명 강사님과 함께 찍은 단체 인증 사진밖에 없었다. 꿔다놓은 보릿자루처럼 앉아 있다가 자정이 가까운 시간 집에 돌아오면 그야말로 파김치가 되었다. 사업은 인맥이 전부라는 생각에 빠져있던 시절이라 별 소득없이 물에 젖은 솜처럼 집에 돌아온 마음은 허탈하기만 했다.

'인맥은 도대체 어떻게 만들 수 있는 걸까?'

글로벌 사업체 〈켈리델리〉의 창업자 켈리 최 회장은 《웰씽킹》에서 인맥에 대해 명쾌한 답변을 준다.

"나는 인맥관리를 안 한다. 인맥은 관리되는 게 아니기 때문이다."

"나랑 친구가 되고 싶어하는 사람과 나를 인맥 삼아 이용하려는 사람을 구분하는 것은 모든 성공한 사람이 직감적으로 느낄 수 있는 부분이다."

인맥에 대한 성공한 사람들의 생각은 대동소이하다. JYP 박진영 대표의 말을 들어보자.

"인맥을 쌓아야지 성공할 수 있다고 믿는 분들이 많은데 짧게 보면 그럴 수도 있지만 길게 보면 결코 그렇지 않습니다. 결국 사람들은 다 이기적이기 때문에 서로에게 도움이 될 때 도와주죠. 나 자신에게 투자를 해서 실력으로 내 가치를 입증하게 되면 인맥은 저절로 생기는 성공의 결과입니다."

유튜브 스터디언 채널의 신영준 대표의 말도 마찬가지다.

"실력은 꽃의 향기입니다. 꽃의 향기가 퍼져나가면 벌과 나비를 불러 모아 꽃가루를 뿌리고 열매를 맺게 되는 것처럼 인맥은 내가 가진 실력 없이 존재할 수 없는 것입니다. 누구를 안다는 것은 그 사람과 동급이라는 것이 아니고 나의 실력과 그 사람의 가치가 연결이 되었을 때 비로소 인맥을 맺었다고 할 수 있습니다. 내가 줄 수 있는 것이 없이 간 시장에서는 단지 구경꾼에 지나지 않습니다."

당시 나는 줄 것이 없는 시장의 구경꾼에 지나지 않았다. 강의가 끝나자마자 줄을 서서 강사와 인증 사진을 찍었지만 자기만족에 불과했다. 자랑용 인스타 피드가 전부였다. 12차 강의를 모두 수강하고 12장의 사진이 남았지만 그 사진으로 어떤 변화도 생기지 않았다. 구경꾼에 지나지 않았던 그때의 인증 사진은 지금 보면 오히려 얼굴이 화끈거려 쳐다볼 수조차 없다.

왜 그때는 인맥이 나를 살려주는 동아줄이라도 되는 양 기를 쓰고 매달렸을까? 내가 가진 것이 아무것도 없다는 생각에 더욱 간절하게 인맥을 찾아 눈이 벌개졌던 것 같다. 그러면 그럴수록 나만 초라해진다는 것을 모르고 말이다.

장사는 돈을 남기고 사업은 사람을 남긴다고 하니 인맥은 중요하다. 사업을 일구어 가는 시기에는 내가 가진 것이 없기 때문에 유명인과의 인맥 쌓기는 그야말로 무지개를 좇는 것과 마찬가지다.

수필가 피천득 선생님은 "어리석은 사람은 인연을 만나도 몰라보고, 보통 사람은 인연인 줄 알면서도 놓치고, 현명한 사람은 옷깃만 스쳐도 인연을 살려낸다."고 수필 〈인연〉에서 말씀하셨다.

인연을 귀하게 여기고 만들어가는 과정에서 성장이 이루어지고 그렇게 올라간 나의 가치와 실력으로 나도 모르는 사이에 든든한 울타리 같은 인맥이 만들어진다. 인맥은 결코 쫓아다닌다고 만들어지는 게 아님을 수많은 뻘짓을 통해 알게 되었다. 시간이라는 스승이 깨닫게 해 주는 것 중 하나가 이게 아닐까 싶다.

오십대의 내가
두 번째 스무 살의
나에게 해 주는 이야기

내가 가진 것이 아무것도 없을 때 인맥을 쫓아다닌다고 얻을 수 있는 것은 아무것도 없다.
실력으로 나의 가치를 높이게 되면 꽃을 찾아오는 벌처럼 인맥은 그제서야 드러나는 결과물이다.
맛집과 고수는 산속에 숨어 있어도 찾아오는 사람이 있다.
내 가치가 사람들을 모으는 진정한 향기다.

| 추천하는 책 |

《이나모리 가즈오의 인생을 바라보는 안목》 이나모리 가즈오(쌤앤파커스)

《부의 통찰》 부아C(황금부엉이)

NO 21.

.
.
.

엄마의 숙제검사

"숙제 보냈다."

"숙제 보냈다니까."

"나 보냈다."

저녁 여덟 시 무렵이면 어김없이 엄마의 숙제가 카톡으로 도착한다. 바쁜 일이 있어 바로 확인을 못 하면 카톡 폭탄이 연달아 떨어진다.

연세 드신 엄마의 두드러진 특징 중 하나가 기다리지를 못한다는 것이다. 숙제를 보내고 바로 숙제검사 전화가 걸려오지 않으면 안절부절 못하신다. 조금 있다가 전화를 걸면 대뜸 무슨 일 있니?

걱정부터 하신다.

엄마는 매일 수브레인 《딸이 찾아주는 엄마의 그림책》 컬러링 북 색칠과 일기를 써서 사진 찍어 제출하신다. 구십을 바라보는 노인이 웬 숙제냐고 의아해하시리라.

엄마의 선생님이 되면서 끝말잇기, 미로찾기, 연산, 색칠공부, 틀린그림찾기 전과목을 가르쳐 드렸지만, 이제 과목이 단출해졌다. 구십을 바라보는 엄마는 작년과 올해 부쩍 달라지셨다. 예전에는 여러 과목의 숙제를 거뜬히 해내시더니 이젠 힘들어 하셔서 일기쓰기와 색칠공부 두 과목으로 줄었다. 이조차도 버거워하실 때가 많아졌다.

많은 과목 중에서 필수과목으로 살아남은 일기쓰기와 색칠공부. 이 과목은 어떻게 살아남았을까? 색칠공부는 엄마가 제일 좋아하는 과목이자 손을 쓰면서 회상활동을 통해 뇌 건강을 도모할 수 있는 과목이다. 일기쓰기는 점점 가물가물해지는 기억력 증진에 도움이 되는 활동이다. 오늘 무엇을 먹고 무엇을 했는지 기억을 더듬어 적는 일기쓰기로 기억력이 좋아지고 심리안정, 치유의 효과도 기대된다.

"오늘 일기를 쓰려는데 도무지 뭘 먹었는지 기억이 안 나서 곤혹스러웠다. 우울해."

"엄마, 나도 그럴 때 많아요."

"그래? 너도 그렇단 말이야? 너는 사업하는 애가 벌써 그러면 어떡하니?"

"기억 안 난다고 불안하고 우울해하면 뇌에 독극물을 붓는 것과 마찬가지예요. 기억이 안 날 때는 메뉴표를 슬쩍 컨닝하세요."

"그러면 되겠구나."

엄마는 아이처럼 잔뜩 긴장하고 불안해 하다가도 조근조근 설명해 드리면 금새 얼굴 표정이 펴지면서 안심하신다.

엄마의 일기검사는 치매 예방에 좋은 점뿐만 아니라 자식인 내게도 좋은 점이 많다. 실버타운에 떨어져 사는 엄마의 일상을 곁에서 지켜 본 듯이 알 수 있어 안심이 된다. 오늘 어떤 음식을 드시고 어떤 활동을 하셨는지, 누구와 친하게 지내고 어떤 갈등이 있었는지 엄마의 일기에 소상히 적혀있다.

엄마의 일기를 보면 우선 삼시세끼 무엇을 드셨는지 알 수 있다.

"오늘 메뉴가 별로였구나."

"엄마가 요즘 입맛이 없으신가 보네."

"친구분이 고기를 안 먹는다고 덜어 줘 잔뜩 드셨다고 하는 걸 보니 친구분들과도 잘 지내시네."

게다가 엄마는 내가 일기를 읽어 본다는 사실을 까먹으시는 듯 엄마의 마음을 그대로 적어 놓아 당황스럽게 만들 때도 있다. 때로는 자식들에게 서운한 감정, 실버타운에서 함께 지내시는 분과의 가벼운 트러블이 적혀있는 일기를 통해 엄마의 감정상태를 체크할 수 있다.

"오늘은 유난히 색칠이 안 되네."
"그러게요. 보기에도 하기 싫은 것을 억지로 한 티가 나요."
"무얼 색칠해야 하나 막막하니 잘 안 되고 잘 안 되니 하기 싫어져."
"어쩐지 색칠의 색 배합이 그저 그렇고 색칠 또한 거칠어요."
왜 그런지 이야기를 나누다 보면 심해진 불면증으로 나빠진 컨디션 탓임을 알 수 있다. 신기하게도 엄마의 색칠공부는 엄마에 대한 많은 정보를 알려준다. 그럴 때면 긴급처방을 내린다.
"엄마 안 되는 것을 억지로 잘하려고 애쓰지 말고 산책을 하면서 기분전환을 하세요. 산책하면서 꽃과 풀들을 잘 관찰하다 보면 색칠에 대한 영감이 떠오를지 알아요?"

엄마는 말 잘 듣는 학생처럼 "그러마~."하시고는 산책을 하면서 잠시 색칠공부와 거리를 두신다. 그러다가 손이 근질근질해지면서 다시 꺼내드는 컬러링북과 색연필.
며칠 색칠공부에서 힘을 빼면 신기하게도 어느새 색칠 달인의 포스로 돌아온다. 의욕이 넘친 엄마의 전화가 걸려온다.

"새를 색칠해야 하는 데 영감이 안 떠오르네."

사뭇 진지한 엄마의 이야기를 듣는데 웃음이 나온다.

"엄마, 이러니 완전 유명화가의 포스가 느껴지는데요?"

"쓸데없는 소리 말고 새를 어떻게 색칠하면 좋을지 힌트나 줘."

엄마의 부탁으로 새 사진을 검색해 카톡으로 보내 드렸다.

그런데 돌아온 대답은 글쎄였다.

"내가 원하는 건 이런 새가 아니야."

"그럼 어떤 새를 원하는데요?"

사실 내가 보내드린 새 사진은 색칠하기 좋으시라고 알록달록 고운 색의 새를 골랐건만 이건 아니라니 그럼 무슨 새를 원하시는 건지 가늠이 안 되었다.

"우리 고향에서 보던 새."

"아유! 엄마, 황해도 고향에서 보던 새를 내가 어디서 구해요?"

엄마는 새 사진을 구해 달라던 부탁은 어느새 잊고 어릴 적 고향으로 달려가고 있었다.

"예전 우리 고향에는 참새들이 많았는데…."

"참새는 여기에도 있는데요?"

내 대답은 귓등으로 흘려듣고 엄마 말만 쏟아내셨다.

"그 참새를 잡아 구워 먹으면 얼마나 맛있었는지 몰라."

"아니 그 조그만 참새에 먹을 살이 어디 있다고?"

"아니다 살도 많았어. 얼마나 고소하고 맛이 있었는데…."

엄마와 한참 고향 이야기를 나누면서 함께 황해도 고향 들판을 누비며 추억여행을 떠난다.

"일기 쓰는 것 너무 싫었는데, 너한테 숙제검사 받으며 전화하는 게 좋아서 하다 보니 이젠 익숙해졌네."

"진짜 그런 것 같아요."

"이 시간이 하루 중 가장 행복해. 너 덕분에 엄마가 똑똑해진다."

사실 매일 거르지 않고 하는 엄마의 숙제검사가 귀찮을 때도 있지만 엄마의 행복 루틴이란 말씀에 마음을 고쳐먹게 된다.

《내가 가진 것을 세상이 원하게 하라》에서 최인아 작가의 이야기가 떠오른다. 아버지와 데면데면한 사이였기에 막상 돌아가셨을 때 슬픔을 체감하지 못했지만 시간이 갈수록 슬픔이 스며드는 것을 느꼈다고 했다.

최인아 작가는 말한다.

"함께 보낸 시간이 많지 않으니 추억도 많지 않다는 것이 참 슬픕니다."

아버지와 함께 보낸 시간의 적음을 후회해봐야 소용없다는 말과 함께 독자들에게 "부모님과 함께 많은 시간을 보내세요. 추억을 많이 만드세요. 시간이 많지 않아요."

구십을 바라보는 우리 엄마, 얼마나 더 오래 일기를 쓰고 색연필로 색칠을 할 수 있을까? 엄마의 숙제검사를 오래오래 할 수 있기를, 엄마와의 추억 만들기가 계속 이어지기를….

훗날 "오늘은 잘했지?" 숙제를 보내고 검사를 받던 엄마의 의기양양한 음성이 사무치게 그리워지는 날이 오겠지. "있을 때 잘해." 이 말은 만고의 진리다. 부모님과 함께 할 날이 생각보다 길지 않음을 느낀다. 추억은 함께 할 때 만들 수 있는 것, 시간은 나를 기다려주지 않는다. 죽음이라는 이별 뒤에도 기억 속에 다시 부활하려면 추억이라는 재료가 필요하다.

오십대의 내가
두 번째 스무 살의
나에게 해 주는 이야기

부모님과 함께 할 수 있는 시간은 생각보다 길지 않다.
함께 보낸 시간, 함께 나누는 이야기가 많지 않으면 추억도 남지 않는다. 부모님이 떠나고 난 뒤에도 늘 함께하려면 평소 추억 저금통장의 잔고를 넉넉히 만들어 두어야 한다.

| 추천하는 책 |

《H마트에서 울다》 미셸 자우너 (문학동네)

《내가 가진 것을 세상이 원하게 하라》 최인아 (해냄)

NO 22.

·
·
·

선물로 남은 인생 그림 에세이

피천득 님의 수필 〈인연〉에서 아키코와의 마지막 만남은 차라리 만나지 않았으면 좋았겠다는 후회로 남는다. 이처럼 인연은 후회의 여운을 남기기도 하고 어떤 만남은 스치듯 지나간 바람 같았는데 돌고 돌아 봄바람처럼 삶에 훈훈함을 더하기도 한다.

국민학교 시절(지금은 초등학교지만) 단짝친구가 있었다. 사는 곳이 달라지면서 다른 중학교를 가게 되었고, 그 친구는 외국유학에 결혼까지 그곳에서 하게 되면서 인연은 끊어졌다. 결혼 전까진 그래도 몇 년에 한 번씩 얼굴을 보면서 실낱 같은 인연을 이어갔는데 결국 결혼으로 그마저도 끊어진 게 너무 아쉬웠다. 어릴 적 친구라

늘 보고 싶은 마음이었다. 세월이 훌쩍 흘러 몇 년 전에 다른 친구의 주선으로 만남을 가졌다. 이때 느낌이 딱 아키코를 마지막으로 만났던 피천득 선생님의 마음같았다. 차라리 만나지 않고 그리움을 간직하고 살아갈 것을…. 변해도 너무 많이 변해 버려 만나는 순간 그간의 그리움이 민망할 지경이었다.

사람의 인연은 참 묘한 것이 그리움 속에 기다렸던 인연의 허망함과 달리 뜻밖의 선물같은 인연도 있다.

어느 날의 일이었다.

"고모님이 연로하셔서 요양원에 계시다는데 선물로 너네 컬러링북을 보내드리고 싶어."

"고모님이라면 전에 나도 만나뵌 적 있는 것 같은데?"

"네가 우리 고모님을 만난 적이 있었어?"

친구와 대화를 나누면서 시간의 태엽을 감아 영화 속 희미한 장면처럼 시간의 어느 순간으로 돌아갔다.

무더위가 기승을 부리던 어느 여름날, 친구가 가쁜 숨을 내쉬면서 교실로 찾아왔다. 팔짝팔짝 뛰면서 한껏 들뜬 소리로 말하는 사연인 즉슨 이랬다. 여고생들에게 최고의 인기, 심야 음악방송에 그림을 잘 그리는 친구가 엽서를 사연과 함께 예쁘게 꾸며 보냈다. 엽서 사연이 채택되어 방송국으로 LP 레코드판을 받으러 오라는 연락을 받았다는 것이다. 여의도 방송국으로 받으러 가야 하는데 함께 가자고 했다. 학교와 집만을 다람쥐 쳇바퀴 돌 듯하는 우리들에게 여의도 방송국이란 서울에서 저 땅끝마을을 가는 것처럼 멀게 느껴졌다. 지금처럼 내비게이션이나 앱이 발달하지 않았던 때라 그야말로 산 넘고 물 건너 물어 물어 가야하는 상황이었다. 학교와 집밖에 몰랐던 여고생들에게 가슴 떨리는 도전이었다. 게다가 목소리만 들어도 떨리는 디제이 오빠를 만날 수 있다니….

우리들은 평소에 입지 않던 옷으로 한껏 모양을 내고 길을 나섰다. 땀에 흠뻑 젖어 여의도에 도착했는데 여의도에서도 방송국까지는 갈 길이 멀었다. 그때 친구가 새삼 생각난 듯이 말했다.

"우리 고모가 여의도 방송국 앞에 사시니 거기 들러 땀이라도 식히고 가자. 이 꼴로 오빠를 만날 수는 없지."

"왜 이제서야 그 말을 하냐?"

"고모는 명절 때만 뵈니 어려워서…."

하긴 그렇다. 이모는 가족처럼 가깝지만 고모는 명절 때만 만나는 친족 같은 느낌이 강하긴 예전이나 지금이나 마찬가지. 피서지에 놀러가도 아이들이 "이모~~!"라고 부르는 소리는 흔히 들을 수 있지만 고모와 함께 온 아이는 발견하기 어렵다.

그런 어려운 고모지만 오랜만에 만난 조카와 조카 친구를 반색하며 맞아 주셨다. 어디서 이렇게 땀을 흘리고 다녔냐며 선풍기를 앞에 놔 주시고 시원한 오렌지주스를 주셨다. 고생하면서 다니던 참이라 고모님이 주신 오렌지주스가 얼마나 반가웠는지 모른다. 수줍은 여고생의 체면은 뒤로 하고 한 잔을 벌컥벌컥 마시고 또 한 잔을 청해 마셨던 기억이 떠올랐다. 그때 고왔던 고모님이 이제는 구십이 넘어 요양원에 계시다니 세월의 무상함이 느껴지는 순간이었다.

"그때 고모가 준 오렌지주스가 너에게는 무척 인상적이었나 보다."

"우리 때는 오렌지주스가 지금처럼 흔하지 않았잖아. 유리병에 든 델몬트 오렌지주스는 부의 상징이었지."

친구와 방송국에 가서 레코드판을 받을 때 심장이 사정없이 떨리던 그때 그시절 이야기를 하면서 한참을 즐거워했다.

그런 고모님께 보내는 선물로 내가 만든 수브레인 컬러링북이 채택되었다니 감개무량했다. 더운 여름날 오렌지주스를 한 잔 아니 두 잔을 얻어 마신 여고생이 이제서야 은혜를 갚게 되는 건가?

고모님이 계시는 곳은 수녀님들이 운영하는 자그마한 요양원으로 평균 연령 90세라고 했다. 어르신들이 무료하게 시간을 보내고 계시는데 컬러링을 하면 행복한 취미가 될 것 같다는 친구의 이야기에 공감이 되었다. 그러나 한편으론 90세 넘은 어르신들이 잘 하실 수 있을까 걱정이 되기도 했다.

꺼내먹는 재미가 있는 종합선물세트처럼 정성껏 선물세트를 만들어 보내드렸다. 어르신들이 택배 박스 도착하는 날 모두가 나와서 어린아이들처럼 구경하며 좋아하신다는 수녀님의 연락을 받고 나도 친구도 마음이 참 좋았다. 이후 다른 일로 바빠 고모님 요양원을 잊고 있던 중에 기쁜 소식이 사진과 함께 전해졌다.

어르신들이 볕이 좋은 야외 테라스에 앉아 색칠하는 모습이 담긴 사진들이었다. 실내에서 하실 때의 진지한 모습과는 다르게 담소를 나누면서 색칠하는 모습에서 소녀 시절로 돌아간 듯한 반짝거림이 느껴졌다. 그중에 한눈에 알아볼 수 있는 친구의 고모님이 계셨다. 머리에는 하얀 서리가 내리고 곱던 피부에는 주름이 가득했지만 고운 미소는 여전했다.

구십이 넘으신 어르신들이 잘하실 수 있을까 나와 마찬가지로 내심 걱정이었다던 수녀님들조차 너무 색칠을 잘하시는 모습에 놀랐다고 한다. 하루 종일 색칠을 하려고 하셔서 하루에 한장 이상은  하지 않는 걸로 규칙을 만드셨다는 이야기도 전해 주셨다.

처음 시작할 때는 색연필 잡는 손이 어색했지만 이젠 명암까지 넣는 수준으로 발전해서 다 칠하고 나면 그다음에는 어떡하지? 걱정이 될 정도라는 원장수녀님 말씀에 어깨가 으쓱해졌다.

"네 덕분에 조카 노릇 잘 할 수 있었어."

"나도 참 좋았어."

"고모가 아빠에게 일부러 전화까지 하셨대. 너무 고맙다고."

"그래?"

"같이 계신 어르신들이랑 재미있게 색칠하고 글을 쓰고 있다면서 적적하던 차에 즐겁게 시간을 보내고 계신대. 아빠도 흐뭇해하시고 내가 효도한 것 같아 마음이 참 좋아. 고마워."

오히려 내가 친구에게 고마운 마음이었다. 태어나서 이제까지 세상에 도움이 되는 특별히 좋은 일을 해본 기억이 없는데 세상에 도움이 된다는 느낌이 바로 이런 걸까? 마음이 따스해졌다.

어르신들의 훈훈한 미담은 이후에도 계속 전해져왔다. 한 권의 컬러링북을 다 완성한 뒤 작품 전시회를 열어 가족들과 함께 하셨다는 소식이었다. 어르신들과 가족들의 반응이 너무 좋아서 이번 크리스마스 선물은 컬러링북으로 결정했다고 하셨다. 기쁜 마음으로 색칠하면서 드실 수 있는 다과와 함께 《딸이 찾아주는 엄마의 그림책_겨울이야기》를 크리스마스 선물로 보내 드렸다.

아직까지 사업가로서의 내 모습이 어색하기만 하다. 어떤 때는 대표놀이를 하고 있는 게 아닌가 자괴감이 드는 순간도 있다. 결제를 해야 하는 말일이 다가오면 속이 바짝 타들어간다. 나가는 돈은 목돈으로 술술 빠져 나가고 들어오는 돈은 푼돈으로 찔끔찔끔 들어오는 게 현실이다. 그렇지만 훈훈한 경험들이 하나둘씩 쌓여갈 때마다 이 사업을 해야 하는 이유가 분명해진다. 점점 더 잘하고 싶단 생각이 강해진다. 오십 넘은 전업주부가 사업을 시작한다는 것이 쉽지 않은 일이지만 계속 멈추지 않고 성장할 수 있는 이유는 이런 경험 덕분이다.

엄마의 치매 걱정을 덜어 드리기 위해 시작한 일이 점점 확대되어 사업이 되어가고 있다. 내가 사업을 하지 않았다면 생면부지의 어르신들에게 삶의 즐거움을 드릴 수 있었을까? 《딸이 찾아주는 엄마의 그림책》을 통해 수많은 인연이 생기고 그 인연들이 두터워진다. 어르신들의 얼굴에 피어나는 미소를 보면 나 역시 미소짓게 된다. 마음에서 피어나는 미소가 소리 없이 퍼져나가 어디에서 새로운 인연을 만들지 기대되는 나날들이다.

수필가 고 피천득 선생님은 "위대한 사람은 시간을 창조해 나가고 범상한 사람은 시간에 실려간다."고 말했다. 누군가를 행복하게 만들어주는 것이 더 큰 행복으로 내게 돌아온다는 것을 느끼게 되는 요즘 하루하루가 행복한 노후를 만드는 준비과정이라 생각된다.

> 오십대의 내가
> 두 번째 스무 살의
> 나에게 해 주는 이야기

돈과 건강 그리고 친구만 있으면 완벽한 노후준비가 된 걸까?

오십부터는 잘 늙어가는 방법, 잘 나이 들어가는 방법에 대해 진지하게 고민해야 한다. 나이 들어 적적하고 지루한 것은 삶에 의미가 없다고 생각하기 때문이다.

내 삶에 의미를 가지고 오래 할 수 있는 일을 찾아보자. 그것으로 큰 돈은 벌지 못해도 돈도 벌고 다른 사람을 행복하게 해 줄 수 있다면 노년의 축복이 될 것이다.

노년의 축복을 늦기 전에 미리 준비해 보자.

| 추천하는 책 |

《나이듦수업》 고미숙 외(서해문집)

《인생수업》 엘리자베스 퀴블러 로스(이레)

NO 23.

.
.
.

한글을 배워 볼랍니다

"선생님 저 한글을 배워 볼랍니다."

○○복지관에서 진행한 〈색칠로 떠나는 추억여행〉 프로그램. 이 때 만난 어느 어르신의 말씀이 내내 마음에 남는다. 지금 그 어르신은 한글을 잘 배우셨을까? 배우셔서 어떤 글을 쓰셨을까? 궁금해진다.

컬러링북을 만들어 판매만 하던 어느 날 복지관에서 어르신들을 대상으로 강의를 해 달라는 요청을 받게 되었다. 8차시에 걸쳐서 프로그램을 진행해 달란 거였다.

첫날 부푼 마음으로 복지관에 도착하니 스무 명 남짓한 어르신들이 책상에 앉아 계셨다. 처음 해보는 컬러링 수업이 무언가 궁금해하는 눈치가 역력했다.

"어머님들 책상에 있는 책을 한번 펼쳐 보세요. 옛날 추억들이 떠오르는 그림들이죠? 이 그림을 색칠하고 감상을 글로 적어 볼 거예요."

불평 불만 소리가 여기저기서 터져 나왔다.

"아이들처럼 무슨 색칠을 하라는 거야?"

"무슨 글을 쓰라는 건지."

당황스러웠다. 생각지 못했던 반응인지라 어떻게 분위기를 반전시켜야 할지 등에서 식은땀이 흘렀다. 첫 번째 수업이 예열 안 된 오븐처럼 쌩한 분위기 속에 시작되었던 터라 두 번째 수업에 가는 마음이 무거웠다.

걱정과 달리 두 번째 수업부터는 분위기가 반전되어 웃음꽃이 만발하는 화기애애한 가운데 진행되었다. 어르신들에겐 낯설음을 극복하는 예열시간이 필요했던 것이다.

차시가 진행될수록 가장 불평이 많고 부정적이었던 어르신이 가장 극적인 변화를 보여주었다. 투덜이 같았던 분이 8차시의 수업을 마치면서 내 손을 부여잡고 "선생님 고맙습니다. 정말 고맙습니다." 연거퍼 감사를 표시하셨다.

"그동안 너무 행복했어요. 왜 벌써 끝나는 거예요?"

찐팬과 안티는 한끗차이라더니 투덜이 안티가 찐팬이 될 줄이야. 어르신이 투덜대셨던 데는 나름의 이유가 있었다. 그 어르신은 글을 모르는 소위 까막눈이었다. 그런데 글을 쓰라니 웬 날벼락이었을까!

처음엔 자신의 치부가 드러날까 봐 분위기를 쌔하게 만들던 어르신은 시간이 지나면서 마음이 변해갔다. 색칠하면서 든 마음 속의 생각을 글로 적고 싶어하셨다. 어느 날 색칠을 마치고 나서 무언가 적고 계신 모습이 포착되었다. 어떻게 된 일이지? 딸이 미리 적어준 종이 속 글씨를 그림 그리듯이 베끼고 계신 거였다. 컨닝페이퍼를 몰래 숨기고 수줍게 적고 계신 어르신을 보고 있노라니 울컥했다.

그랬던 분이 8차시의 수업을 끝내고 졸업하는 날 "선생님 저 한글을 배워 볼랍니다."하고 충격적인 선언을 하신 것이다. 선생님으로서 가장 기쁜 일이 학생의 극적인 변화일 텐데 어르신의 이런 변화를 지켜보면서 정말 뿌듯했다.

무료이거나 저렴한 비용으로 진행되는 기관 프로그램의 경우 첫날만 북적대고 점점 수강생들의 참여가 저조해지는 것이 보통이다. 그러나 어르신들의 출석율은 놀라웠다. 비가 오나 눈이 오나 등교하는 개근상이 어르신들에겐 여전히 최고의 덕목이었다.

"선생님 다음 주에는 우리가 체육대회를 해서 수업을 못 옵니다. 빠지면 안 되니 수업날짜를 바꾸어 주세요."

"선생님 저희 수업 한 번이라도 놓칠 수 없어요."

수업이 끝난 뒤에도 자리를 떠나지 않고 남은 색칠을 마저 하시겠다고 하는 어르신, 수업 한참 전에 도착해서 지난 수업에서 완성 못한 것을 마저 색칠하는 어르신, 오늘 색칠할 것을 미리 알려주면 먼저 칠하겠다고 보채는 어르신, 어르신들의 열기는 여러 가지 모습으로 표출되었다.

인지기능이 떨어져 병원치료를 받고 계신 어르신도 누구보다 열심히 하시는 모습을 보며 인지활동 프로그램의 효과를 실감할 수 있었다. 나이 들면 모든 능력이 퇴화한다는 고정관념과 달리 어르신들의 창의력은 놀라웠고 집중력과 상상력에 감탄했다.

일본의 작가 카가와 신페이가 "당근을 원하는 것은 꼭 말만은 아니다."라고 말한 것처럼 색칠공부는 어린이와 젊은이들에게만 필요한 취미생활이 아니었다. 색칠공부가 아이들이나 하는 거라는 건 고정관념에 불과했다.

8차시 수업, 두달 동안 한 번도 빠지지 않고 나오기가 쉽지 않은데 강의장은 언제나 빼곡하게 들어찼다. 수강생들의 열띤 호응속에 〈색칠로 떠나는 추억여행〉은 늘 활기찼다.

7차시부터는 어르신들 가운데 볼멘 소리들이 터져 나오기 시작했다.

"아직 색칠하지 못한 게 이리 많이 남았는데 끝나 버리면 우 짜노?"

"이거 하면서 정말 즐거웠는데 시간이 와 이리 빨리 지나버 리지?"

정이 잔뜩 들었는데 어느새 종강시간이 다가오고 있었다. 어르 신들의 섭섭한 마음을 어떻게 채워드릴 수 있을까 하고 복지관 담 당자와 함께 고민했다. 어르신들의 마음에 남을 졸업식을 만들어 드리기로 했다.

"어르신들, 다음 시간이 마지막인 것 아시죠? 다음 시간에는 그 동안 색칠하신 그림 중에서 가장 마음에 드는 것을 고를 거에요. 고 른 그림을 예쁜 종이액자에 넣어 전시하는 졸업식을 하도록 해요."

끝나는 것이 못내 아쉬웠던 어르신들의 표정에 순간 설레임이 스쳤다. 졸업 전시라니?

"선생님이 골라주세요. 뭐 잘 한 게 있어야 말이죠."

말씀은 그리 하시지만 속마음은 그렇지 않다는 것이 표정에 그 대로 드러난다. 처음엔 색칠을 한다는 게 어색했지만 이젠 내가 봐도 다 잘한 것 같아 어떤 걸 골라내야 할지 고민이 된다는 표정이다.

"어르신 이게 어떨까요? 화사하게 색칠이 참 잘되었어요."

선택된 작품을 떼어내 조심스럽게 종이액자에 넣는 걸 숨죽이 고 바라보는 어르신의 표정이 사뭇 진지하다.

"아따~! 그냥 책에서 볼 때랑 다르게 이렇게 액자에 집어 넣으니 완전 멋져 부리네요."

아쉬움 속에 침울할 것 같은 마지막 시간이 졸업 전시로 한껏 들뜬 모습이다. 어떤 어르신은 그동안 색칠한 그림들을 찬찬히 보면서 "처음에는 진짜 못했네." 웃으면서 점점 잘하게 된 자신이 대견하다고 말씀하셨다.

빨간 벨벳 커튼이 드리워진 무대에 작품을 걸 시간이 다가왔다.

"어르신들 작품을 스스로 붙여 보세요."

이때 성격이 그대로 드러난다. 떡하니 중앙에 대범하게 붙이는 어르신이 있는가 하면 부끄러워 변방에 붙이는 어르신도 있다.

"어르신들 작품을 찾아보고, 다른 분들 작품도 감상해 보세요."

본인이 색칠한 그림에 자랑스럽게 붙어있는 이름이 보기만 해도 대견하고 신기하다는 표정이다.

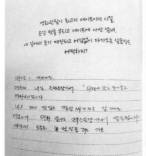

| 어르신들의 글짓기

어르신들과 졸업 기념 단체사진을 찍고 화기애애한 분위기 속에 졸업식이 마무리되었다. 엄마의 건강한 취미생활, 치매 예방을 위해 만들었던 《딸이 찾아주는 엄마의 그림책》이 이제는 엄마뿐만 아니라 많은 어르신들에게 기쁨을 선사하고 있음에 뿌듯해지는 순간이다.

따로 또 같이. 컬러링북을 구입해 혼자 집에서 취미로 색칠할 수도 있지만 모여서 함께 색칠하고 글을 쓰면서 느끼는 즐거움과 성취감은 남다르다. 어르신들의 놀라운 변화를 지켜보면서 수브레인은 이제 본격적으로 어르신들의 인생2막 행복한 시니어교육을 향해 돛을 올린다.

오십대의 내가 두 번째 스무 살의 나에게 해 주는 이야기

내가 태어난 뒤 조금이라도 더 살기 좋은 곳으로 만들어 놓고 떠나는 것, 자신이 한때 이곳에 살았음으로 해서 단 한 사람의 인생이라도 행복해질 수 있다면 이것이 진정한 성공이라는 말이 있다. 그러기에 우리는 누구라도 성공한 인생이 될 수 있다. 성공한 인생은 어려운 일이 아니다.

| 추천하는 책 |

《백살까지 유쾌하게 나이드는 법》 이근후 (메이븐)

NO 24.

.
.
.

소통이 그리워

"아니 구십을 바라보는 어르신이 이렇게 색칠을 한다구요?"

이제는 색칠의 달인이 된 엄마의 색칠그림을 보여드릴 때 수강생 어르신들의 반응이다.

"색칠한 그림을 보내면 이렇게 다정하게 답해주는 딸이 있으니 선생님 엄마는 얼마나 좋을까?"

"선생님 엄마는 참 좋겠어요."

○○복지관에서의 〈색칠로 떠나는 추억여행〉 프로그램에 이어 교회에서 취미 프로그램 문의가 들어왔다.

첫 수업 날 도착해 둘러본 강의실은 지하에 있는 식당이어서 자연 채광이 없는 데다 조명도 그리 밝지 않아 분위기가 가라앉아 보였다.

열다섯 명의 수강생이 앉아 계시는데 자발적으로 신청한 것인지 의심스러울 지경이었다. 역시나 여기도 뒷짐을 진 채 간을 보는 어르신이 있었다. 어디나 이런 분이 처음에 제일 어렵다.

"이게 뭐래요? 색칠은 손주 애들이나 하는 게 아닌가?"

다른 분들이 하는 걸 구경이나 하겠다면서 트집부터 잡는 어르신의 훈수가 야속했다.

"어르신도 앉아서 한번 해보세요."

"나 이런 것 싫어해요."

그러면서도 표지가 화사한 컬러링북과 색연필이 놓여져 있는 걸 보니 무언가 궁금한 눈치였다. 권유에 못 이기는 척하며 앉는 어르신, 시작하고 나서도 입바른 소리에 앞장서셨다.

알아서 쓱쓱 색칠하는 몇 분을 제외하고 대부분의 어르신들은 시작조차 못하고 계셨다. 난생 처음 색칠이란 걸 해본다는 분이 대부분이었다.

"선생님 도대체 어떻게 해야 하는지 모르겠어요."

이때 또 분위기 흐리는 어르신은 다름아닌 그분이다.

"다른 책에는 견본이 있어서 보고 칠하면 쉬운데 왜 이건 그게 없어요?"

이런 것 싫어하신다는 분이 다른 책은 어떻게 알고 계시는 건지 어르신의 적극적인 훼방으로 수업이 엉망이 될 판이었다.

이 말이 신호가 되어 다른 분들의 볼멘 소리가 이어졌다.

"견본이 없으니 도무지 어떻게 해야 하는지 막막해요."

선생님이 하라는 대로 따라 할게요. 순한 양같은 학생들이 있던 ○○복지관과는 또다른 돌발상황이었다.

"책에 견본 색칠이 없어서 그러실 수 있어요. 왜 저희 책에는 견본 색칠을 안 넣었냐면요. 견본이 있으면 그대로 똑같이 색칠을 해서 뇌가 운동을 덜 해요. 보고 그대로 색칠하니 무슨 색으로 칠할까 고민을 안 하기 때문이죠."

처음 컬러링북 사업을 시작하게 된 계기가 엄마의 뇌 건강을 위한 목적이었기 때문에 초기에 나온 책은 입에 거칠지만 건강에 좋은 슬로푸드처럼 불친절한 컬러링북으로 만들어졌다.

"옆에 있는 색칠그림을 보고 따라서 색칠하면 하기는 쉽지만 손 운동만 될 뿐이어서 저희는 견본 색칠을 안 넣었어요."

여기저기서 "그러네." 수긍하는 소리가 들렸다.

달라지는 분위기 속에 말을 이어갔다.

"어르신들이 하도 막막하다고 하소연을 하셔서 개정판에선 앞부분에 견본색칠을 추가했는데 그래도 바로 옆에 있는 게 아니니 슬쩍 컨닝만 하시고 그대로 따라하는 부작용은 없지요."

"어르신들 옆에 계신 분의 색칠을 슬쩍 컨닝하시면서 어떤 색을

칠하면 좋을지 궁리해 보세요. 그럴 때 뇌에 불이 반짝 들어오면서 운동을 시작한답니다."

"선생님은 그런 걸 어떻게 알아요?"

궁금한 게 많으신 어르신들, 정보에 대한 점검도 철저한 모습이다.

"제가 이 책을 만들게 된 계기가 엄마 치매 걸리지 말라고 예방 목적이었잖아요. 그래서 뇌 건강에 대한 책을 많이 읽으면서 공부를 했어요.

엄마가 몇년 동안 색칠과 글쓰기를 하면서 인지능력이 좋아지는 것을 확인했고요."

갑자기 어르신들의 눈빛이 달라졌다.

"선생님 말씀대로 하면 치매 안 걸리나요?"

"치매 안 걸리도록 뇌를 건강하게 만들어 드릴 수 있죠."

심드렁하던 분위기가 갑자기 열정적으로 바뀌는 순간이다.

어르신들뿐 아니라 중년만 넘어가도 치매 예방이라고 하면 모두가 귀가 솔깃해진다.

어르신들이 색칠하는 중간 도움이 되는 영상을 보여드리면서 색칠활동을 독려한다. 다른 분들이 색칠한 그림 사진을 보여드리는데 이때의 반응이 천차만별이다.

내 그림 색칠하기도 바쁜데 신경 쓸 겨를이 없다는 독고다이형.

다른 사람은 어떻게 색칠했나 유심히 살펴보는 모범생형.

색칠만 하기 따분했는데 이때다 싶어 지방방송으로 이야기 보따리를 풀어놓는 주의산만형.

혼자서 색칠하는 것보다 모여서 함께 하면 즐거운 여행을 떠나는 기차 안처럼 분위기가 활기차다. 그러나 자칫 분위기가 산만해질 수 있기 때문에 주의환기가 필요하다.

"어르신들 색칠한 그림을 사진 찍어 자녀분에게 보내 자랑하세요."

"창피하게 이걸 어디에 보내요?"

"이걸 보면 누가 좋아한다고."

많은 분들이 자녀와 색칠그림 소통은 말도 안 되는 소리라고 손사래를 치신다. 딸과 매일같이 색칠그림으로 소통한다는 강사의 엄마를 부러워하면서 내 자식은 안 해줄 거라 지레 포기하는 어르신들이다.

부모 자식 간의 안부 전화는 늘 틀에 박힌 대화가 전부이거늘 부모님의 새로운 취미생활을 소재로 이야기를 나누면 좋을 텐데 말이다. 어르신의 색칠그림과 글에는 미처 하지 못했던 가슴속 많은 이야기들이 담겨 있는데 안타깝다.

어르신들은 색칠그림으로 자녀와 소통하는 건 어렵지만 지인들과 함께 모여 색칠하며 이야기 나누는 것으로 대리만족하는 눈치다. 그동안 미처 몰랐던 각자의 인생 이야기들이 이어지면서 한층 가까워진다.

김장을 소재로 한 그림을 색칠하는 날
"우리는 순무 김치를 담갔어."
"어머! 집사님 고향이 어딘데요?"
팔도의 특색있는 김장 사연들이 쏟아진다.
"남편이 도와줘서 함께 김장독을 파묻고 김장을 했었는데 이제 남편이 떠나고 나니 그런 재미가 없네."
은근한 남편 자랑에 부아가 치민 어떤 어르신은 "나는 혼자서 100포기 김장을 다 했네."라며 "김장은 돕지 않고 김장 날 먹을 궁리만 했어."하고 남편 흉을 본다. 남편 흉을 보는 모습에서 못내 그리운 미운 정이 느껴진다.
김장 그림 하나로 각자의 고향이 어딘지 어떻게 김장을 담갔는지, 가족 분위기는 어땠는지 자연스럽게 드러나 한층 가까워지는 분위기다. 한 시간 남짓한 시간 동안 어르신들의 인생 그림 에세이가 만들어진다.

한번 이야기가 터지고 나니 이젠 없어진 국제극장 그림을 색칠할 때는 손은 색칠하면서 입은 이야기하느라 바쁜 모습이다. 좋아하는 영화배우에 기억나는 영화, 개인적인 에피소드까지 테이블마다 화제가 풍성했다.

"옛날 우리 가게에 영화배우 김진규 씨가 왔는데 말이야. 하얀 바지를 입고 나타났는데 얼마나 눈이 부시던지…."

눈을 지그시 감고 회상하는 어르신의 얼굴에 소녀같은 홍조가 피어오른다.

"나는 한국영화보다 외국 영화 보는 걸 좋아했어. 애수의 로버트 테일러가 얼마나 미남이었는지…."

테이블마다 돌아다니면서 이야기를 듣고 있노라면 어르신들이 바라는 행복은 소통임을 느끼게 된다. 친구는 늙어서 귀가 어둡고 자식들은 바쁘니 하고 싶은 이야기는 많은 데 들어줄 사람이 없다. 내 이야기를 들어줄 귀가 고픈 어르신들. 색칠하면서 마음껏 이야기를 펼칠 수 있는 마당이 펼쳐지니 그동안 쌓였던 이야기들이 봇물터지듯 쏟아진다.

그런 중에 어르신들의 하소연이 재밌다.

"집사님은 좋겠어요. 수다를 떨면서 색칠을 할 수 있으니."

"이야기는 입으로 하지 손으로 하나?"

"나는 색칠하는데 집중하면 입이 안 열리니 말이에요. 이야기 좀 하려다 엉뚱하게 색칠이 됐으니 어쩌면 좋아."

모두가 웃음을 터뜨린다.

어르신들을 대상으로 컬러링과 글쓰기 수업을 하면서 오히려 많은 것을 배우게 된다. 나이가 들면 모든 게 퇴화하고 쓸모없는 존재가 되는 게 아니다. 그동안 살아온 경험은 어디로 사라지는 게 아니라 단지 표현할 기회가 없어지는 것뿐임을 실감한다.

사업이 뭐 별건가? 시니어 교육사업의 고객인 어르신들의 가려운 곳을 긁어주고 불편을 해소해 주면 그게 시니어사업인 게지. 사업이 고객의 불편을 없애주는 것이란 본질에 충실하면 내 주변에서 사업 아이템을 얼마든지 찾아볼 수 있다.

엄마를 첫 고객으로 무턱대고 시작한 사업이 고객들과의 다양한 경험을 통해서 조금씩 방향을 잡아가고 있다. 어르신들과 함께하면서 연륜을 배우고 미처 몰랐던 삶의 여정을 즐기게 된다. 《딸이 찾아주는 엄마의 그림책》은 어르신들뿐만 아니라 나를 행복하게 만들어주는 선물이다.

인생의 길은 직선이 아니라 곡선이다. 끝이 어떨지 모르는 각본 없는 드라마이기 때문에 살맛이 나는 거다. 주어진 상황에서 할 수 있는 것을 찾아 때로는 어정거리고 길을 헤매기도 하지만 그 여정에서 생각지도 못했던 것을 발견하는 기쁨이 있다.

오십대의 내가
두 번째 **스무 살**의
나에게 해 주는 이야기

이제는 바야흐로 소통의 시대.
소통의 중심에는 사람이 있다. 사람에 대한 관심으로 보지 못하고 지나쳤던 값진 것을 발견할 수 있다.
귀한 것은 허술한 모습을 하고 있기에 더욱 발견하기 힘들다.

| 추천하는 책 |
《우리가 글을 몰랐지 인생을 몰랐나》 권정자 외(남해의 봄날)

NO 25.

°
°
°

엄마의 유산

'신은 모두를 살필 수가 없어서 우리에게 엄마를 보내주었다.'

쫓아오는 호랑이를 피해 나무에 오르는 오누이가 간절하게 원했던 하늘의 동아줄. 내가 가장 힘든 순간 동아줄을 내려주는 사람이 누구일까? 생각할 것도 없이 엄마는 힘들 때 나를 구해주는 동아줄이다.

코로나가 발생했던 초기에는 확진자가 드물어 '설마 내가 걸리겠어?'라는 마음이 대부분이었다. 확진이라는 것은 뉴스에서나 보는 일이지 마스크를 잘 쓰고 개인위생에 힘쓰면 내게 닥칠 일은 아니라고만 생각했다. 그러던 어느 날 마른 하늘에 날벼락 같은 일이 벌어졌다.

참석했던 비즈니스 모임에서 확진자가 나왔으니 검사를 받으라는 연락을 받았다. 아무런 증상이 없었던 터라 설마하는 마음이었지만 한편으로는 확진이 되면 어떡하지? 머릿속이 복잡해지기 시작했다. 근처 보건소에 가서 검사를 받고 기다리던 중 아침 일찍 모르는 번호의 전화가 걸려왔다. 불길한 느낌이 전해져왔다. '왜 슬픈 예감은 틀린 적이 없나.'라는 노래 가사처럼.

"유지윤 님, 코로나 양성으로 확인되셨습니다."

순간 머릿속이 하얘지면서 세상이 정지되는 듯했다. 당시는 확진자 동선 파악이 철저하던 시절이라 나와 접촉한 사람들이 겪는 고초가 상당했다. 죄책감이 짓눌렀다. 며칠 전에 고령의 외삼촌, 숙모와 식사까지 했는데 이분들이 확진된다면? 생각하기도 싫었다. 나와 접촉했던 분들에게 연락을 드려 검사를 받게 하고 검사결과가 나올 때까지 기다리는 시간은 피를 말리는 일 분 일 초였다.

다행스럽게 나로부터 퍼져나간 확진자가 없어 이제부터는 오롯이 내 문제로 남게 되었다.

치료소에 입소하기까지 어떻게 시간이 흘렀는지 정신없이 허둥거렸다. 증상이 없었기 때문에 병원이 아닌 치료소로 격리되는데 남게 될 가족 걱정이 앞섰다. 주부인 내가 없는 동안 먹을 것을 챙기느라 내 걱정은 비집고 들어갈 틈이 없었다. 번개불에 콩 볶아 먹듯이 주변 정리를 끝내고 치료소로 이송되면서 난생 처음 격리의 세상으로 들어갔다.

환경의 중요성을 뼈에 사무치게 절감하는 시간들이었다. 처음에는 2인실을 썼는데 함께 방을 배정받은 분이 처음 들어오는 순간부터 기침을 심하게 했다. 가뜩이나 심리적으로 불안한데 상태가 위중한 분이랑 함께 있게 되니 불안은 이루 말할 수 없었다. 룸메이트는 기침을 하면서 하소연하는 전화를 울면서 쉬지 않고 계속했다. 스트레스가 극을 향해 치달아 미쳐 버릴 것만 같았다.

결국 룸메이트의 상태가 안 좋아져 병원으로 이송되면서 혼자 격리의 시간을 보내게 되었다. 방송으로만 지시사항이 전달될 뿐 철저하게 격리된 생활이었다.

식사 배급을 방송으로 알려주면 배급원과의 대면을 피해 시간차를 두고 음식을 들여와야 했다. 나 자신이 제거되어야 할 악성 바이러스가 된 것 같은 느낌이었다.

상태가 안 좋아져 병원으로 이송되는 걸 지켜보았던 터라 나 역시 그렇게 될 수 있다는 생각에 늘 불안했다. 창살 너머 보여지는 창밖으로 시도 때도 없이 들어오는 확진자 이송 앰블런스를 보는 마음이 정말 심란했다. 여기 혼자 있다가 쓰러지면 어떡하지? 갑자기 상태가 나빠져서 죽어도 아무도 모르지 않을까? 누가 나를 도와줄 수 있을까? 마음이 뒤숭숭하니 몸이 점점 나빠지는 듯했다.

너무 외로웠다. 이때 막막한 나에게 하늘에서 내려준 동아줄은 다름 아닌 엄마였다. 구십을 바라보는 엄마는 딸이 식사는 잘 챙겨 먹는지 마음을 단단히 먹으라고 매일같이 전화로 위로를 해 주었다.

"지금은 네 몸 생각만 해라. 입에 안 맞더라도 열심히 먹어."

"엄마 삼시세끼 편의점 도시락만 먹으려니 힘드네요."

"어떡하면 좋니? 평소에 그런 것을 안 먹어서 그렇구나. 내가 해줄 수 있는 게 없어 안타깝다."

위로를 받고 싶은 마음은 굴뚝같았지만 고령의 엄마가 딸 때문에 걱정하느라 건강을 해치실까 걱정이 되어 제대로 내색조차 할 수 없었다.

"엄마 내 걱정하느라 잠도 못 자고 식사도 잘 못 하시는 것 아니에요?"

"아니다. 내가 건강해야 너를 지킬 수 있지. 오히려 밥을 더 잘 챙겨 먹고 있어. 운동도 빠지지 않고 해."

실제로 아무것도 해 줄 수 없는 나약한 노인이었지만 딸을 생각하는 엄마의 마음은 튼튼한 동아줄이었다. 위급한 상황이면 그 동아줄이 나를 끌어올려줄 것만 같았다. 엄마는 나이와 상관없이 자식에게는 슈퍼맨이었다.

"내가 너에게 해 줄 수 있는 것이 뭐가 있을까?"

"엄마, 나는 엄마가 색칠한 그림을 보면 마음이 편해지고 좋던

데. 나를 생각하면서 매일 색칠해서 사진찍어 보내줘요. 엄마도 딸 걱정하는 마음을 없애는 데 도움이 될 거에요."

그 날 이후 엄마는 매일같이 《딸이 찾아주는 엄마의 그림책》을 정성껏 색칠해 엄마의 마음을 담은 짤막한 글과 함께 사진 찍어 보내주었다. 평소에 스마트폰으로 문자를 보내려고 하면 자꾸만 다른 곳을 눌러 엉뚱하게 써져서 하기가 싫다고 했던 엄마였다. 그런 엄마가 딸을 위로할 수 있다는 마음에 틀린 맞춤법으로 제법 긴 문장을 써서 보냈다.

"우리 막내딸이 호랑이처럼 기운을 내라고 호랑이를 정성껏 색칠해서 보낸다."
"화사한 꽃을 보면서 걱정을 떨쳐 버리고 기분이 좋아졌으면 해서 이쁘게 색칠해서 보낸다."
"엄마 닭과 병아리들이 행복하게 있는 그림을 보면서 너희들 키울 때를 생각했다. 지금은 엄마가 늙어서 아무것도 해 줄 수 없지만 마음만은 그때와 마찬가지야."

엄마의 색칠은 많은 이야기를 담고 있었다. 엄마가 색칠해서 보내는 그림들이 이야기를 들려주는 듯했다. 치료소에서 불안한 마음이 들 때면 엄마가 색칠해서 보내는 그림을 하염없이 바라보곤 했

엄마

사랑하는 딸 잘잣니 색칠은 잠이안와서 새벽5시까 철한거야 정성껏했다 건강해요
☆♡☆♡

엄마 색칠해서 사랑이 묻어나요 아...

< 999+　　　엄마　　　Q ≡

습니?
오후 7:01

먹었어
오후 7:06

2021년 6월 23일 일요일

엄마

색칠보니 마음이 화사해지네
오전 9:54

엄마

아침 잘먹었니 ?몸은 어떤지 궁금하다
오전 9:58

산책하다가 담장에 피어있는 꽃이 하도 이뻐서 사진을 보냈다 니가 꽃을보 기분이 좋았다니 엄마도 좋다 이꽃은 우성화야 엄마가좋아하는 꽃이다 이카톡을한참했다
오후 9:45

엄마가 힘들게 수고한 덕분에 꽃이름도 알고 고마워요 엄마
엄마와 카톡하는 즐거움이 커요
오후 10:19

< 999+　　　엄마　　　Q ≡

엄마
오후 5:51

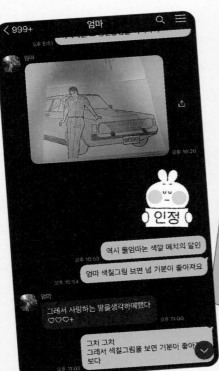

오후 10:20

인정

역시 울엄마는 색깔 매치의 달인
오후 10:53

엄마 색칠그림 보면 넘 기분이 좋아져요
오후 10:54

엄마

그래서 사랑하는 딸울생각하매했다
♡♡♡+
오후 11:00

그치 그치
그래서 색칠그림을 보면 기분이 좋아보다
오후 11:02

< 999+　　　엄마　　　Q ≡

엄마
오후 7:50

오후 7:53

엄마

지운아 색칠한거 보고기분 입데라 정성을 다해서 해쓰다 마음편이 갖이고잘자 엄마도 잘께♡♡♡~
오후 8:05

울엄마 마음이 듬뿍 담겨서 보고있으면 힘이 나
엄마 잘 자요
나도 잘 있울게
오후 8:32

다. 색칠그림들이 진한 사랑의 이야기를 들려주는 듯 했다.

격리된 치료소에서 보내는 고립의 시간은 그동안 정신없이 달려오기만 했던 나를 돌아보는 시간이 되었다.

'수브레인이란 회사는 나에게 어떤 의미일까?'

'나는 수브레인으로 무엇을 하려고 했었지?'

거창하게 생각할 것 없이 지금 이 순간 엄마의 그림 사진이 모든 것을 말해주고 있었다. 엄마에게 선물로 주려고 만들었던 책이 오히려 더 큰 선물이 되어 내게 돌아왔다. 내게 수브레인 사업은 인생의 선물임을 새삼 깨달았다.

치료소에 있는 동안 엄마의 색칠그림을 보면서 많은 위로를 받았지만 울컥하는 마음에 눈물도 많이 흘렸다. 구십을 바라보는 엄마가 딸을 위해 돋보기를 쓰고 매일같이 그림을 한 장씩 완성해서 보내는 것은 쉬운 일이 아니었다. 한 글자 한 글자 나라를 생각하는 마음으로 팔만대장경을 새겼던 것처럼 노모는 매일 한 장 이상씩 그림 색칠을 하고 글을 써서 보내는 힘든 일을 해냈다.

"엄마의 색칠그림을 보고 있으면 온갖 걱정과 불안이 사라져요, 할 수 있으면 많이 색칠해서 보내줘요."

"그냥 막 색칠할 때보다 온 마음을 다해서 정성껏 색칠하니 시간이 더 걸려. 그래도 네가 이걸 보고 마음이 좋아진다니 더 열심히 색칠해야지."

철없는 오십의 딸은 노모의 힘듦은 생각하지 못하고 색칠 그림을 보챘고 엄마는 있는 힘을 끌어 모아 정성껏 색칠을 했다.

76세에 그림을 시작해 80세에 개인전을 열고 101세에 돌아가실 때까지 1,600여 점의 그림을 남긴 미국의 국민 화가 모지스 할머니. 당연히 평범한 할머니인 엄마는 모지스 할머니에 비할 바가 아니다. 그러나 내게는 미국의 국민 화가 모지스 할머니 그 이상이다. 그 누군가에게 뜨거운 감동을 줄 수 있다면 작가가 아닌가?

구십을 바라보는 엄마는 자신도 모르는 사이에 그렇게 색칠그림 작가가 되었다.

엄마가 돌아가시고 나면 그동안 색칠하고 쓰신 글들이 그 어떤 것보다 소중한 보물로 내게 남을 것 같다. 《H마트에서 울다》에서 저자인 미쎌 자우너는 엄마가 돌아가시고 난 뒤에야 비로소 자신이 엄마가 남긴 유산이었음을 깨닫게 되었다고 말한다. 남은 가족들에게 남겨 줄 수 있는 선물. 엄마뿐 아니라 많은 어르신들이 가족들과 함께 소중한 추억을 많이 쌓았으면 하는 바람이다.

사랑하는 가족과 언젠가는 이별의 아픔을 겪어야 한다. 사랑하는 가족의 곁에 영원히 머무는 방법에 무엇이 있을까?

부재의 존재감. 엄마가 언젠가 곁을 떠나도 엄마가 남겨주신 인생 그림 에세이는 따뜻한 난로처럼 추울 때 내 마음을 덥혀줄 것이다.

부모님 살아 생전, 색칠하고 글을 쓸 수 있는 힘이 있을 때만 만들 수 있는 엄마, 아빠의 그림책. 부모님 살아 생전에 꼭 해야 될 버킷리스트 중 하나.

| 추천하는 책 |

《인생에서 너무 늦을 때란 없습니다》 애나 메리 로버트슨 모지스(수오서재)

NO 26.

·
·
·

산골할머니와 그림책 친구

"대표님은 저에게 앞을 비추어주는 등불 같은 분입니다. 저는 행운의 노년기를 맞았습니다. 감사하고 또 고맙습니다."

컬러링북 사업을 시작한 이후 많은 고객님들의 사연을 접했지만 특히 산골할머니(이 분이 이렇게 부르라고 하셨다)와의 인연은 남다르게 다가온다. 이 일을 시작하지 않았던들 이런 기쁨과 충만감을 느낄 수 있었을까? 가족과 친지 외에 생면부지의 그 누군가를 행복하게 할 수 있다면 그것으로 이 세상에 왔다 간 충분한 의미가 되고도 남는다.

산골할머니와의 인연은 조금은 특별하게 시작되었다. 어느 날

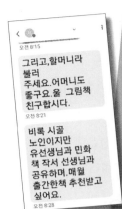

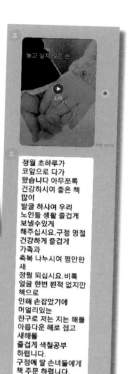

오전 8:15

그리고,할머니라
불러
주세요.어머니도
좋구요.울 그림책
친구합시다.

오전 8:21

비록 시골
노인이지만
유선생님과 민화
책 작서 선생님과
공유하며,매월
출간한책 추천받고
싶어요.

오전 8:28

앞을 불수 없는데 앞
에서등불을 켜 돌고 길
을 걷는 사람의. 이유
는?본인을 위해서가
아니고, 앞에 서있는
you를 위해서라면! 대
표님은. 저에게 그런분
입니다 현대인 그도
그렇것이 대도시. 유
명한책출판 대표이심
에. 저는 행운 노년기
를. 만났습니다. 감사
하고 또고맙습니다. 아
침에 눈뜨면 꽃과 다육
이 자람에 빠져 시간을
보내고 오후엔 손자놈
유치원. 다녀 오면 장
난 스러움에 웃음을 자
아내곤 하는게 제 일상
생활이였는데 요즘은
누투버 읽는게 취미가
되고 오늘은 뭘써볼까
고민이 취미가 됩니다.

오전 9:00

기독하는 라이언
계절은 장마철
여름인데 저는
어느새 가을 을
만났습니다,단발머리
초등 때 검정 고무신
신고 오지 산골 아버지
감발에 다니며 떨어진
감 줍고 흥시는 조심이
따서 바구니에 담았던
시절 생각이
세삼그립네요.!.대표님
출근전에 보냅니다
바쁜일정에 시간 뺏고
싶지 않아서 어젠
오늘로 미뤘습니다
후직지근한 날씨에
건강 하십니까?
어머님께서는 여전히
나쁜일교차에 건강히
잘 계시겠지요.

놓고 싶지 않은 손

3:49

오전 10:33

정월 초하루가
코앞으로 다가
왔습니다 아무쪼록
건강하시여 좋은 책
많이
발굴 하시여 우리
노인들 생활 즐겁게
보낼수있게
해주십시오.구정 명절
건강하게 즐겁게
가족과
축복 나누시여 평안한
새
정월 되십시요. 비록
얼굴 한번 뵌적 없지만
책으로
인해 손잡았기에
머얼리있는
친구로 저는 지는 해를
아름다운 해로 접고
새해를
즐겁게 색칠공부
합니다.
구정에 딸 손녀들에게
책 주문 하렵니다.

오전 10:46

모르는 이에게서 장문의 문자
가 도착했다.

"저는 전라도 어느 산골
벽지에 살고 있는 70대 후반
의 노인입니다(여성이고요). 제가 수브레인 책을 가지고 생활한 지가
1년이 넘었습니다. 책이 많이 필요합니다. 어떻게 하면 직접 구할
수 있겠습니까? 제발 소원이니 도움 좀 주십시오. 70대면 아직은
바깥 출입할 나이인데 저는 몸이 아파 바깥 출입을 못하고, 종일
방에서 남편의 보살핌을 받고 있습니다. 그리하여 민화책(어르신의 표
현)만이 유일한 제 친구가 되었습니다. 정말로 소원이니 책 좀 부탁
드립니다! 민화책이 색칠하기도 좋지만 시적인 게 너무 맘에 듭니
다."(중략)

장문의 문자 메시지와 함께 연락을 바란다며 핸드폰 번호가 적혀 있었다. 다음 날 아침에 통화를 했다. 산골할머니는 《딸이 찾아 주는 엄마의 그림책》을 광주에 사는 딸이 사다 줘서 세 권을 색칠했는데, 오늘 마지막 장을 색칠하셨다고 했다. 더 하고 싶은데 어떡해야 하나 안타까운 마음에 책 뒤편에 있는 연락처로 연락을 했다고 했다. 짧은 통화였지만 어르신의 간절함이 느껴졌다. 온라인 주문에 익숙하지 않은 어르신을 위해 직거래로 책을 바로 보내 드렸다.

책을 받은 어르신은 받자마자 색칠한 여러 장의 그림 사진을 카톡으로 보내왔다. 이렇게 우리의 카톡 펜팔은 시작되었다. 그때부터 아침 잠이 없는 어르신이 이른 시간 보내오는 카톡으로 하루를 시작하는 게 일상이 되었다.

한 번도 본 적이 없는 지구 반대편 먼 나라에 있는 누군가와 친구가 되어 손편지를 주고받던 해외 펜팔. 펜팔의 매력이 이런 거였구나 싶다. 생면부지의 70대 후반 어르신과 카톡을 주고 받으며 디지털 펜팔의 세계를 경험하고 있는 중이다.

어르신과 친구가 되어 가는 중에 따님과 통화로 산골할머니의 사연을 알게 되었다. 일년 전 갑자기 다리에 힘이 풀리면서 하반

신 마비가 되어 방에서만 지내는 엄마가 안타까워 컬러링북을 사드렸다고 한다. 거동을 못 하시니 앉아서 할 수 있는 취미생활로 컬러링북을 권하게 되었고 《딸이 찾아주는 엄마의 그림책》에 심취하게 되었다는 이야기였다. 산골할머니가 컬러링북에 색칠하고 글을 쓰면서 삶에 희망을 찾고 다시금 활력 있게 생활을 하시게 되었다는 이야기를 듣는데 눈시울이 뜨거워졌다.

산골할머니는 니체가 "왜 살아야 하는지, 달라져야 할 절실한 이유를 아는 사람은 어떤 어려움도 이겨낼 수 있다."고 말한 것을 생생하게 삶으로 보여주고 계신 어르신이다.

방 화분에 예쁘게 꽃이 피었다고 사진을 찍어 보내시기도 하고 가족들 이야기를 들려주시기도 한다. 활동적인 어르신이 느닷없는 변고로 방에서 답답하게 지내면 우울해지기 마련인데, 문학소녀 같은 감성에 긍정 마인드로 밝게 지내시는 모습이 참 존경스럽다. 어르신을 통해 배우는 점이 많다. 인생의 경륜을 느끼게 된다.

장마철에 혹시 비 피해가 없었는지 서로의 안부를 묻고 무더위와 한파에 건강을 잃지 않았는지 서로를 챙긴다. 나이와 공간을 초월해 우리는 친구가 되었다. 어쩌다 카톡을 주고 받지 못하는 날이 며칠 이어지면 무슨 일이 있는 건 아닌지 걱정부터 앞선다. 오랜만에 어르신 안부를 묻는 카톡을 보낼라치면 버선발로 나와 맞아들이듯 답장을 쏟아내신다.

"바쁜 사람 귀찮게 하는 건 아닌가 싶어서….."

늘 서두를 이렇게 시작하는 어르신의 카톡 편지를 보면 편지를 하고픈 마음을 꾹 참았음이 역력하다.

80을 바라보는 산골할머니는 50대의 나와 친구가 되어 세대를 초월해 많은 이야기를 나눈다. "잘 활용하는 방법만 안다면 노년은 온통 즐거움으로 가득찬 세계다."라는 로마의 사상가 세네카의 말처럼 어르신은 투병 중에도 활용할 수 있는 자신만의 방법을 찾아 즐거움으로 가득한 세계를 만들어가는 지혜로운 분이다.

산골할머니와 친구가 되면서 구십을 바라보는 엄마도 한 다리 건너 친구가 되었다.

"엄마, 어르신이 오늘은 이런 이야기를 들려 주셨어요."

산골할머니가 보내오신 색칠그림과 글을 엄마와 공유한다.

"보통 어르신이 아니네. 어쩜 이리도 글을 잘 쓰신다니. 아는 것도 정말 많으시네."

감탄이 이어지는 엄마는 열 살 남짓 어린 동생뻘이지만 본받아야겠다는 생각이 드신다고 한다. 어르신 색칠과 글에 대한 엄마의 소감을 전해 드리면 어르신은 민망하다고 손사레를 치지만 기뻐하는 표정이 눈에 보이는 듯하다.

"감사합니다. 늙으니 생기 살리려고 하신 말씀인 줄 알면서도 왠지 싫지는 않네요. 나이 탓인가? 젊을 때는 무슨 말을 들으면 부끄럽기만 했는데…."

단칸방에서 한 이불 덮고 자는 우리 가족
이불은 하나지만 꾸는 꿈은 각양각색

1969년도 남편을 만나 단칸 방에서 살았다. 그때 남편식구는 남편 동생 3명, 사촌 형님 한 분. 그중 동생 중 여동생 시누이도 있었다(시동생 친구분도 있었다).

한 이불 덮고 자는데, 저녁에 내손은 자연스레 남편 허리를 감싸 손을 잡았다. 그때 시동생 한 분이 내 손인데 했다. 너무 서러웠다.

그만둘까도 했지만 그땐 내 뱃속에는 예쁘게 자라는 내 큰딸이 있었다.

산골할머니 글 & 그림

산골할머니는 유튜브 영상 속의 엄마 모습을 보시고는 "36년생이시면 88세이신데 정말 책을 많이 가지고 계셔서 젊으신가 봐요. 저도 계속 책을 손에서 놓지 않아야겠어요."

50대와 70대, 80대의 세 친구는 서로 간에 좋은 영향을 주고받는다.

산골할머니와 친구가 되어 카톡편지를 주고받는 시간이 쌓여가다 보니 언젠가 한번 찾아뵙고 싶다는 생각이 든다. 어르신이 색칠한 그림과 글을 직접 보고 이야기를 나누어 보고 싶다. 그래도 섣불리 약속을 했다가 못 지키면 어르신이 눈빠지게 기다리실까 싶어 살짝 귀띔만 드린 상태다.

"언젠가 제가 더 늙어 움직일 수 없을 때가 될는지 모르겠지만 기대해 보겠습니다."

생각같아서는 엄마도 모시고 가서 세 친구가 함께 이야기를 나누어 보고 싶은 마음도 있지만 구십을 바라보는 엄마는 장거리 여행이 불가능하다. 구십이 가까워지면서 엄마는 하루하루가 달라지고 있다. 어르신들에겐 하루하루 시간이 참 귀하다. 모든 것은 살아생전, 내 몸을 내 의지로 움직일 수 있을 때 누릴 수 있는 것이다. 어르신들을 위한 인생 그림 에세이 《딸이 찾아주는 엄마의 그림책》을 더욱 열심히 만들어야겠다고 다짐해 본다.

사업하는 지인은 힘들 때면 모아놓은 고객님 감동 리뷰를 읽으면서 용기를 충전한다고 한다. 산골 친구가 보내주는 카톡은 용기를 백배로 충전해주는 산삼같다. "공작새처럼 대표님 컬러링책 회사가 날개를 펴 올해에는 대성공하셨으면 하는 바람입니다."

화려한 날개를 펴는 공작새 영상과 함께 보내준 카톡을 저장해 놓고 힘들 때마다 꺼내 보고 또 본다.

생각지도 못했던 산골할머니와의 인연. 《딸이 찾아주는 엄마의 그림책》은 흥부에게 부자가 되는 박씨를 물고 와 준 착한 제비처럼 좋은 인연들을 데려다 준다.

목련꽃!
꽃은 예쁘지만,
너무 순박하게 핀 목련
우수수 떨어진 꽃길
외로히 걷는 여인
목련꽃과 같네!

산골할머니 지음

오십대의 내가
두 번째 **스무 살**의
나에게 해 주는 이야기

SNS를 통해 쉽게 관계를 맺을 수 있고 팔로워 수가 영향력의 가늠자로 돈이 되는 시대.
쉽게 맺는 대신 쉽게 풀릴 수도 있다.
천천히 겪어 가면서 꽃에 물을 주며 가꾸듯 만들어가는 관계는 무엇보다 소중한 인연이 될 것이다.

| 추천하는 책 |

《그림 그리는 할머니 김두엽입니다》 김두엽 (북로그컴퍼니)

NO 27.

.
.
.

저희가 다 물어내야 하나요

"책장 전부를 우리가 변상해야 할까요?"

하늘이 노랗고 심장이 조여오는 것 같았다.

'출입문에 들어서자마자 보이는 책장이 몇 칸이었더라?'

출입문에서 가까워 눈에 잘 띄어 좋다고 생각했던 것이 이제는 출입문에서 가까워 눈에 쉽게 띄니 변상이 불가피한 상황으로 역전되었다. 도무지 견적이 나오지 않았다.

"일단 전문업체에 전화를 걸어 떼어낼 수 있는지부터 알아 보도록 하죠."

3월 새학기와 5월 어버이날에 맞추어 교보문고에서 수브레인이 원데이 클래스를 진행했다.

두 번의 원데이 클래스에 참여한 고객 반응이 폭발적이어서 교보문고에서 놀랄 만한 제안을 받게 되었다. 소위 광고의 명당자리에서 한 달간 무료 광고를 진행해 주겠다는 제안이었다. 서점에 갈 때마다 저런 자리에 책을 진열할 수 있는 자금이 넉넉한 출판사를 부러워했는데 수브레인이 할 수 있다니 꿈만 같았다.

"대표님 미리 위치와 사이즈 알려드릴게요. POP를 설치할 수 있으니 잘 꾸며 보세요."

한 달 동안 수브레인의 《딸이 찾아주는 엄마의 그림책》을 알릴 기대에 한껏 부풀었다. 수브레인 꽃컬러링북 꽃감수를 맡아 주시고 계신 플로리스트 한꽃차이님과 전시 기획에 돌입했다.

"하늘이 주신 기회인데 잘 살려 보아야죠."

"사람들의 시선이 머물게 해야 하는 데 말이죠."

이런저런 생각 끝에 우리는 꽃 도안을 이용해 꽃비가 내리는 분위기를 연출하기로 했다. 책장 저 높은 곳에 아크릴판을 설치해 꽃비가 내리는 분위기로 연출하면 서점에 들어서자마자 사람들의 시선이 머무는 포토존이 될 것 같았다.

6월을 하루 앞둔 어느 날 전시를 위해 아크릴판을 비롯해 여러 재료들을 가방 가득 준비해서 서점으로 갔다. 사다리를 타고 올라가 목이 꺾이도록 몇 시간을 작업한 끝에 나름 만족스럽게 전시를 마무리할 수 있었다.

그런데 전시 결과를 본 담당자의 얼굴이 밝지 않았다.

"이렇게 하실 줄은 몰랐네요. 밖으로 튀어나온 경우는 처음이라서요. 출입문 바로 앞인데 위험해 보이기도 하고요."

예쁘게 보여야 한다는 생각밖에 없었던 터라 그 생각까지는 미처 하지 못했다. 이제서야 서점 전체에서 우리 전시가 차지하고 있는 그림이 보였다. 전체 분위기에서 보니 어울리지 않게 생뚱맞은 데다 사람들이 많이 오가는 통로에 삐죽이 튀어나온 아크릴판은 포토존이라기보다 위험물로 보일 수 있겠다 싶었다.

"아뿔사, 이를 어쩌지?"

"그럼 이건 다시 떼어내고 책장 안을 꾸미는 걸로 변경할게요."

몇 시간을 애쓴 노력이 안쓰러웠는지 담당자는 일단 지켜보자는 반응이었다. 아크릴판이 떨어지면 위험하니 무거운 책으로 꾹 눌러 놓고 무거운 마음을 잔뜩 진 채 집으로 돌아왔다. 집에 와서 아무리 생각해 보아도 꽃비가 내리는 아크릴판을 철거하는 게 나을 성싶어 다음 날 일찌감치 서점 오픈 시간에 맞추어 갔다.

　　사다리에 올라 아크릴판을 떼어내려고 힘을 주었다. 그런데 이게 웬일? 아무리 젖 먹던 힘까지 끌어모아 힘을 주었건만 끄덕도 하지 않았다. 아크릴판이 떨어지면 안 된다는 생각에 강력 접착테이프를 몇 겹으로 단단히 붙이고 무거운 책으로 눌러 놓기까지 했기에 하룻밤 사이에 들러붙어 버린 것이었다.

　　여자의 힘으로는 안 되겠다 싶어 경비아저씨에게 도움을 요청했다. 아저씨가 온 힘을 다해도 아크릴판은 움직이지 않았다. 몇 시간 동안 온갖 방법을 동원해도 아크릴판은 떨어질 생각을 하지 않았다. 꽃비가 이제 흉기로 돌변하는 순간이었다.

　　결국 담당자에게 이실직고했다.

　　"어떡하면 좋죠?"

　　어쩔 줄 몰라하는 우리들을 보면서 담당자는 뭐라 하지 못하고 얼굴만 어두워졌다. 벙어리 냉가슴 앓듯 하며 또 하루가 속절없이 지났다. 아크릴판을 떼어낼 수 있는 전문업체를 수배해 전화를 걸어 보았지만 부정적인 답변만 돌아왔다.

　　"책장이 훼손될 것 같아 작업이 어려울 듯합니다."

집에서 아무리 전화를 걸어 보아도 뾰족한 해결방법이 나오지 않을 것 같아 서점에 나가 직접 부딪쳐 보기로 했다. 안절부절 못하고 있는데 먼저 도착한 한꽃차이님에게서 전화가 걸려왔다.

"대표님, 아크릴판이 떨어져 있어요."

"네? 정말이에요?"

서점측에서 전문인력의 힘을 빌어 책장에 손상이 가지 않게 아크릴판을 무사히 떼어낸 것이다.

지옥문 염라대왕 앞에까지 끌려갔다가 "너는 아직 올 때가 안 되었는데 저승사자의 실수로 잘못 불렀으니 다시 돌아가거라."는 말을 들은 기분이었다.

천당과 지옥을 오가는 끔찍한 경험 덕분에 며칠 동안 온몸이 두들겨 맞은 것 같은 몸살을 앓게 되었지만 이를 통해 많은 것을 배울 수 있었다. 전시를 기획할 때는 철거까지를 감안해야 한다는 사실. 그리고 전시는 우리에게 할당된 부분만이 아니라 전체 속에서 부분을 볼 줄 알아야 하며 무엇보다 조화가 중요함을 깨달았다. 넓은 시야가 필요했다.

무엇보다 힘든 일을 겪으면서 서로 간에 책임을 전가하지 않고 어떡해서든지 함께 문제를 해결해 보려고 애쓰는 동지를 얻을 수 있었다. 끈끈한 팀웍으로 롱런할 수 있는 사람을 얻은 것이 무엇보다 큰 결실이었다. 한꽃차이님은 함께 천당과 지옥을 오가면서 내게 그런 사람이 되었다.

　　사업을 시작하고 나서 겪는 크고 작은 위기는 나를 조금씩 단단하게 만들었다. 예전에 내가 깨지기 쉬운 얇은 유리컵이었다면 점점 강화유리로 변모하고 있는 듯하다(아직 멀고도 먼 강화유리). 잔잔한 물결이 유능한 뱃사공을 만들지 못한다는 말처럼 지금 내가 겪는 일들이 힘들어 그만두고 싶은 순간들이 있지만 나를 단단하게 만들어주는 담금질이라 생각한다.

　　앞으로 또 어떤 예기치 못한 일들이 펼쳐져 위험에 처할지 모르겠지만 함께 헤쳐나갈 수 있는 좋은 분들과 함께 하기에 두렵지 않다.

　　함께 하는 팀웍이 무엇보다 중요함을 깨닫게 된다. 홀로 성장하는 시대는 끝났다!

오십대의 내가 두 번째 스무 살의 나에게 해 주는 이야기

1년을 내다보는 사람은 꽃을 심고, 10년을 내다보는 사람은 나무를 심지만, 20년을 내다보는 사람은 사람을 심는다는 말이 있다.
혼자 가면 빨리 가지만 멀리 가려면 함께해야 한다는 말처럼 롱런하기 위해서는 함께할 좋은 사람을 모으는 것이 무엇보다 중요하다.

| 추천하는 책 |
《홀로 성장하는 시대는 끝났다》 이소영(더메이커)

NO 28.

.
.
.

87세에 시니어 모델 데뷔

"엄마가 우리 수브레인 모델이 되어줘야겠어요."

"뭐라고? 무슨 모델? 씰데없는 소리 마라."

엄마는 내 말을 다 듣기도 전에 일언지하 거절을 하셨다.

"엄마가 안 해주면 누가 해 줘요. 《딸이 찾아주는 엄마의 그림책》은 엄마 덕분에 세상에 나왔고 엄마만큼 얘를 사랑하고 잘 아는 사람이 누가 있다고?"

단호했던 엄마의 표정이 조금 누그러졌다.

"그게 뭐하는 건데?"

"테레비에서 보는 광고처럼 우리도 그런 걸 해야 하는데 그럴 만한 돈이 있나? 아무리 우리 책이 좋아도 사람들이 모르면 소용이 없어요."

"그럼 테레비 광고를 한단 말이야?"

"그건 아니고. 브랜드 영상을 찍는데 모델을 쓰면 돈이 너무 많이 드니 엄마와 내가 직접 하는 거죠."

"아이구야. 우리가 뭘 할 줄 안다고 그걸 하니? 괜히 망신살이지."

"우리 평소대로 하는 걸 감독님이 찍어서 잘 편집하실 거니 어려울 건 없어요."

"그럼 나는 네 옆에서 조금만 도와주면 되는 거지?"

이렇게 해서 엄마는 시니어 모델 데뷔의 첫발을 떼게 되었다.

감독님과 스토리 라인을 짜고 콘티를 만들어 가다 보니 엄마의 비중이 점점 커졌다. 엄마가 브랜드 영상의 주인공이 되어 버렸다. 그도 그럴 것이 《딸이 찾아주는 엄마의 그림책》은 치매를 걱정하는 엄마를 위해 만든 책이고 누구보다 열심히 애용해 효과를 본 사람이 엄마이니 엄마가 주인공인 게 당연했다.

사전 준비를 마치고 촬영하는 날이 다가왔다. 촬영 전날.

"엄마, 양평으로 찍으러 갈거니 바람 쐬러 소풍가는 느낌으로 가볍게 가시면 돼요."

엄마에게 챙길 의상과 소품을 알려드렸다. 미리 알려드리면 괜시리 걱정만 더할까 싶어서였다.

"만날 하던 대로 하면 되니 집에서 입는 편안한 옷을 챙기시면 되고 옛날 사진들도 챙기세요."

"점심은 어떻게 한다니?"

"글쎄 찍다가 근처 나가서 먹을라나요?"

"배고프면 지치니 간식거리 좀 챙겨가야겠다."

드디어 브랜드 영상 촬영하는 날, 양평에 도착해 본격적인 촬영이 시작되었다. 운전이 미숙한 나를 대신해 운전해 준 언니와 딸, 엄마, 네 명이 한 팀이 되어 현장에 도착했다. 도착한 현장에서 여섯 분의 스태프, 즐비한 카메라 장비에 엄마를 비롯한 우리가 얼떨떨해하는 걸 보고 감독님이 긴장을 풀어 주었다.

"어머님, 편하게 하시면 돼요. 처음 씬은 식탁에 앉아 혼자 색칠하는 장면이니 집에서 입는 편안한 옷을 입으시면 돼요."

엄마는 첫 장면인 만큼 가장 좋아하는 화사한 홈웨어를 입고 등장하셨다. 특별한 연출 없이 평소 하던 대로의 모습을 담는 촬영인지라 엄마도 그리 어려워하지 않고 순조롭게 진행되었다. 단지 앞에서 몇 대의 카메라가 돌아가고 눈이 부실 정도의 조명이 부담스러울 뿐이었다.

"어머님, 조금만 더 환하게 웃어 주세요."

평소 그렇게 웃을 일이 없는데 계속 웃으라니 그게 고역이었다. 몇 년치의 미소를 다 짓는 듯 했다. 잠시 찍은 영상을 체크하고 있는 동안에도 엄마는 계속 찍는 줄 알고 열심히 책장을 넘기면서 미소를 짓고 있었다.

"어머님 지금은 쉬고 계셔도 돼요."

"에구, 그러면 미리 말해 줬어야지. 계속해야 하는 줄 알고 웃느라고 힘들었잖아."

촬영 삼매경에 빠진 엄마 덕분에 웃음꽃이 피었다.

스태프들은 엄마가 지칠까 봐 어깨도 주물러 드리고 가벼운 이야기로 분위기를 띄워 주었다. 현장의 주인공이 되어 대접받는 엄마의 행복한 표정을 보고 있노라니 마음이 뭉클해졌다. 매일매일 흑백 TV같던 엄마의 일상이 갑자기 총천연색 컬러 TV로 바뀐 듯 눈이 부셨다.

얼마 안 찍은 것 같은데 벌써 점심시간이 되었다. 엄마가 싸온 가방을 펼치는데 완전 소풍가방이다. 아침에 쪄온 고슬고슬한 인절미에 삶은 계란과 사과, 참외, 요구르트까지 없는 것이 없다. 자리에 둘러앉아 사진작가님과 함께 나누어 먹는데 엄마는 그 누구보다 행복한 표정이다.

"어머님 떡이 너무 맛있어요."

"그치 이 떡 진짜 맛있는 떡이에요."

뒷방 늙은이 같은 소외감을 모두 날려버린 버린 엄마는 현장의 주인공이 분명했다.

점심을 먹고 나서 또다시 촬영이 이어졌다.

"어머님, 이번에는 거실에서 따님과 함께 색칠하며 이야기 나누는 장면을 찍을게요."

이 말이 떨어지자마자 엄마가 가방을 뒤져 무언가를 찾아왔다. 이번엔 또 뭘를 꺼내려는 걸까? 그건 30년 전 아빠와 처음 외국여행 가서 사온 목걸이였다.

"이거 하고 찍어야지."

모두가 당황했다.

"엄마, 집에서 누가 이런 화려한 목걸이를 하고 있어요? 어색해서 안 돼요."

| 엄마와 함께 하는 수브레인 브랜딩 영상 촬영 현장

"드라마에서 보면 집에서 이것 보다 더한 것도 잘도 하고 나오더라."

높은 목소리로 완강한 모습을 보이시는 엄마.

"어머님, 목걸이가 진짜 이쁘네요. 근데 이 목걸이는 다른 장면에서 하고 찍으실 수 있도록 해 드릴게요."

남편과의 애틋한 추억이 깃든 것이기에 하늘나라에 있는 남편에게 '여보 나 이런 것 찍고 있는데 이 목걸이 하니 이쁘죠?' 자랑하고 싶었던 걸까?

감독님의 회유에 엄마는 완강한 태도를 누그러뜨리셨다.

엄마의 완벽한 준비와 놀라운 연기력에 비해 나는 실수 연발이었다. 집에서 편안한 모습을 보여주면 된다는 감독님의 말에 진짜로 편한 홈웨어들만 의상으로 챙겨온 나는 쥐구멍에 숨고 싶은 심정이었다.

"대표님, 그래서 영상 찍을 때 스타일리스트가 필요한 거에요. 전체적인 분위기와 맞아야 하니 수십 벌의 의상을 챙겨와 그중에서 골라 입어요."

브랜드 영상을 처음 찍는 어리숙한 대표는 미진한 의상 준비로 함께 간 언니의 옷을 빌려입는 임기응변 속에 무사히 촬영을 마칠 수 있었다.

드디어 오전부터 시작된 촬영이 오후 늦게야 끝이 났다. 고작 2~3분 되는 영상을 위해 이렇게 애를 쓰는구나 실감할 수 있었다.

"완전 되다 되. 속았어. 내가 주인공인줄 알았으면 안 했지."

지친 표정의 엄마는 이렇게 말씀은 하시지만 행복한 표정이 역력했다.

얼마 뒤 완성된 브랜드 영상을 보고 나서 엄마는 스스로 감격했다.

"진짜 다른 사람처럼 이쁘게 나왔네."

"카메라가 신기하다."

본인 스스로도 그렇게 생각하지만 주변에서 모두 이쁘다고 칭찬해 주니 더없이 기분이 좋은 것 같았다. 근대 심리학의 아버지 윌리엄 제임스가 '인간의 가장 뿌리깊은 본성은 인정받고 싶은 욕구'라고 말한 것처럼 구십을 바라보는 엄마도 인정받는 것이 더할 나위 없는 기쁨인 듯했다.

평범한 일생을 산 엄마가 엄앵란, 문희 같은 영화배우는 아니지만 훗날 이 영상들을 통해 우리 가족들에게 여배우처럼 반짝거리는 모습으로 기억되리라.

엄마가 매일 색칠하고 글을 쓴 여러 권의 《딸이 찾아주는 엄마의 그림책》이 가족에게 남겨주는 선물이 되는 것처럼 영상 또한 엄마의 소중한 유산이 될 듯싶다.

"엄마, 87세에 시니어 모델 데뷔 축하드려요."

엄마는 첫 데뷔 이후 다시는 안 하겠다던 다짐과는 달리 계속 딸과 함께 사진촬영을 하고 있다.

"엄마 나중에 우리가 이렇게 했던 것들이 소중한 추억이 될 거에요."

"그렇지? 내가 나중에 없으면 이것들 보면서 엄마 생각해줘."

구십을 바라보는 엄마는 때 아닌 시니어 모델로 활약하면서 딸과 함께 소중한 추억들을 만들어 가는 중이다.

수브레인 브랜드영상

오십대의 내가 두 번째 스무 살의 나에게 해 주는 이야기

인생을 재미나게 사는 방법은 해보지 않았던 일에 도전해 보는 것이다.
인생이 무료하다고 느껴진다면 내 안에 잠들어있는 또 다른 나를 깨우자.
어떤 일이 벌어질지 두근거리지 않는가?

| 추천하는 책 |

《칠십에 걷기 시작했습니다》 윤영주 (마음의숲)

| 색칠하는 엄마

| 딸과 함께 하면 행복한 엄마

NO 29.

·
·
·

당신의 뇌를 지켜드립니다

"이제부터 제48회 국가공인 브레인 트레이너 시험을 시작하겠습니다."

시험 시작종이 울리고 문제지와 답안지 배포가 시작되었다. 컴퓨터용 사인펜을 이용해 답안지에 마킹을 하려니 손이 덜덜 떨렸다. 학력고사 세대인 내가 오십이 훌쩍 넘어 OMR 카드에 마킹을 하려니 왜 이리 긴장이 되는지 만학도의 어려움이 실감되는 순간이었다.

"다 늙어서 무슨 영화를 보겠다고 어려운 시험공부를 하니? 사업하느라 힘든데 그러다 쓰러지겠다."

엄마는 브레인 트레이너 자격증 시험 준비하는 나를 보고 걱정 어린 말씀을 쏟아내셨다.

"니가 무슨 수로 붙겠니? 한참 머리가 잘 돌아가는 젊은 애도 아닌데…."

격려를 해도 모자랄 판에 초치는 말씀으로 사기를 꺾어 놓으셨다.

수험교재를 보면서 딸 또한 "엄마, 이건 완전히 의대 교재 같은 데? 엄마가 이 시험에 합격하면 내가 엄마에게 만 원을 줄게. 대신 떨어지면 엄마가 나에게 배로 주는 것 어때?" 딸은 엄마의 불합격 에 자신 있게 배팅했다.

"엄마가 머리 싸매고 공부하는 데 네가 도와준 게 뭐가 있다 고? 게다가 떨어지면 배로 돈을 내놓으라니 가족이 더 무섭다, 무 서워."

투덜거림에 딸은 "시험 공부 한답시고 온갖 짜증과 신경질을 내 면서 식사 준비에 소홀했으니 그거에 대한 범칙금이야."

가족들의 비협조적인 분위기 속에 사업하면서 주경야독으로 시 험 준비를 하자니 몸이 열 개라도 모자랄 지경이었다. 수업을 들으 려고 모니터 앞에 앉으면 잠이 쏟아졌다. 뇌과학 관련 용어들이 활 자로 된 수면제같았다.

"역시 공부는 때가 있어. 머리가 말랑말랑할 때 해야지."

포기하고픈 마음이 굴뚝같았지만 뇌 공부는 하면 할수록 신기하고 재미있었다.

'이건 나이 들어가는 사람들이 스스로를 위해 반드시 해야하는 공부구나.' 싶었다. 치매를 두려워만 할 것이 아니라 치매에 걸리지 않도록 스스로 뇌 관리를 일찌감치 시작해야 한다. 브레인 트레이너는 선택이 아니고 필수임을 느끼게 되니 더욱더 브레인 트레이너가 되고 싶었다. 셀프 뇌 건강주치의 브레인 트레이너가 꼭 되자고 다짐했다.

공부를 하면 할수록 그동안 대수롭지 않게 넘겼던 많은 일들이 뇌가 내게 주는 신호였음을 알게 되었다. 실로 충격이 아닐 수 없었다. 치매는 20여 년에 걸쳐 진행된 결과라더니 무서웠다.

스트레스는 뇌를 부식시키는 독극물이라고 한다. 스트레스는 만병의 근원이다. 스트레스가 너무 심해지면 기억력이 현저하게 떨어지는데 이는 뇌의 생존전략이다. 뇌가 자기 자신을 파괴시키는 스트레스에 대해 몸을 지키기 위해 벌이는 필사의 생존전략이다. 이대로 계속 스트레스를 받게 되면 과부하로 생존이 어려워지니 비상사태를 선언하고 뇌의 신경전달망인 시냅스의 연결상태를 끊어 놓는다. 마치 전쟁 시 더 이상의 적군 진격을 막기 위해 다리를 폭파하는 것과 마찬가지다.

그러고 보니 엄마의 치매 해프닝 상황이 이해되었다.

어느 날이었다. 엄마를 모시고 병원에 검진을 다녀 온 언니가 가라앉은 목소리로 말했다.

"엄마가 치매래."

"뭐라고? 말도 안 돼."

엄마가 얼마 전 가벼운 검진차 다녀온 치매 전문병원에서 초기 치매로 진단했다는 것이다. 하늘이 노래졌다. '이제 우리 엄마 어쩌면 좋지?' 별 생각없이 찾은 병원에서 식구들은 꿈에도 만나고 싶지 않은 치매란 저승사자를 만났다.

도저히 믿을 수가 없었다. 조급한 마음에 고가의 약을 처방받아 먹고 뇌 건강에 좋다는 비싼 주사를 맞던 중에 아무래도 엄마가 치매라는 게 믿을 수 없어 다른 상급병원에서 재검을 받았다.

결론은 치매가 아니었다. 어떻게 이런 다른 결과가 나올 수 있었을까? 엄마가 초기치매라는 진단을 받았을 당시는 극도로 스트레스를 받던 상황이었다. 내가 보기에도 정서적으로 불안해 보였고 성격장애 증상까지 보였다. 그런 상황에서 받은 검사였으니 치매 진단을 받을 수 있겠다 싶었다. 게다가 치매 진단을 받고 난 뒤 눈치로 이상을 감지한 엄마는 증상이 더욱 악화되었다. 그러다 신기하게도 스트레스 요인이 줄어들면서 엄마는 안정되기 시작했고 상급병원에서의 재검으로 치매가 아니라는 진단이 내려지자 정상적인 모습으로 돌아왔다.

이처럼 극도의 스트레스는 사람을 망가뜨린다. 나 역시 스트레스가 극에 달하던 시절 겁이 덜컥 날 만큼 기억력에 이상 증세를 보였다. 화장실에 들어가 양치질을 했는지 안 했는지 기억이 안 나 칫솔을 만져보고 확인해야 했으며 약을 먹었는지 안 먹었는지 기억이 안 나 표시를 해 놓아야 될 정도였다. 그 당시에 기억력이 왜 이렇게 나빠지는지 걱정만 했을 뿐 왜 그런지 이유는 전혀 몰랐다. 뇌공부를 본격적으로 해 보니 나를 지키기 위해 뇌가 시냅스 연결을 끊어 놓았기 때문임을 알게 되었다.

드라마 〈정신병동에도 아침이 와요〉에서 이와 비슷한 '가성치매' 환자 이야기가 나온다. 극도의 스트레스를 받으면서 살고 있는 워킹맘이 보이는 극단적인 기억상실증이 진짜 치매가 아니라 '가성치매'라고 했다.

사람은 본능적으로 자신의 몸을 지키려는 강한 욕구가 있다. 나 또한 수브레인 컬러링북 사업을 시작하게 된 계기는 다름 아닌 나를 지키기 위한 생존전략에서 비롯되었다. 스트레스가 극심하던 시절 지푸라기라도 잡는 심정으로 무념무상 빠져들 수 있는 컬러링을 시작했다. 색칠을 하고 있는 동안에는 적어도 고민에서 벗어날 수 있었고 결과물을 보면 뿌듯하고 마음이 편안해졌다. 그래서 시간만 나면 색칠에 빠져 들면서 안티 스트레스 취미생활로 즐기게 되었다.

내가 해서 효과를 본 뒤 효과를 본 뒤 날로 심해지는 불면증이 치매로 이어질까 걱정하는 엄마에게 추천했다. 기대 이상으로 엄마가 컬러링을 재미 있어 하시고 잘 하시는 모습을 보면서 계속 하실 것을 찾았다. 마땅한 것이 없어 발벗고 나서게 된 것이 지금의 시니어 교육사업 수브레인이다.

뇌가 건강해야 인간으로서의 품위를 잃지 않고 생을 마감할 수 있다. 치매는 기억을 잃어버린 본인은 모르니 가족만 힘든 병이라고 말하지만 실제는 그렇지 않다. 아무것도 모른다 해서 무시당하는 치매환자도 실은 가슴으로 모든 것을 느낀다니 돌보는 가족만이 힘든 것이 아닌 것이다.

머리속 기억은 잃어버리지만 가슴속 감정은 남아 있기에 치매 걸린 자신을 함부로 대하는 가족과 주변인들의 행동에 상처를 받는다고 한다. 치매 전문의로 살던 중 본인이 치매에 걸려 치매를 직접 경험한 의사가 쓴 책 《나는 치매걸린 의사입니다》에서 두 가지 입장을 경험한 고백이니 믿을 만하다.

치매는 누구에게나 찾아올 수 있는 불청객이다. 나만, 우리 가족만 피해가라는 법이 없다. 평소 뇌를 건강하게 하는 생활습관으로 지내면 설사 치매라는 불청객을 맞닥뜨리더라도 평소의 생활습관으로 다져진 인지적 비축분이 나를 지켜주는 울타리가 된다니 믿어보자. 지금부터 든든한 울타리를 만들자!

다음은 《가장 뛰어난 중년의 뇌》에서 베르나데트 수녀와 체스 교수의 사례이다.

▎베르나데트 수녀 이야기 ▎

켄터키 대학교의 과학자 데이비드 스노든(David Snowdon)과 동료들은 1986년 이래 678명의 카톨릭 수녀들을 대상으로 뇌가 어떻게, 왜 노화하는지를 연구했다.

연구의 한 과정으로 정기적으로 지능검사를 실시했다. 이 연구의 중요한 요소는 수녀들 전부가 사후 자신의 뇌를 기증하기로 한 것이었다. 수녀들은 과도한 흡연이나 음주 등 뇌에 좋지않고 연구 결과를 왜곡시킬 수 있는 습관이 상대적으로 적기 때문에 훌륭한 연구 표본이 될 수 있었다.

이 연구 과정에서 놀라운 사례가 나타났는데 일명 베르나데트 수녀 이야기다. 베르나데트 수녀는 일찍이 석사학위를 따고 초등학교에서 21년간 교편을 잡고, 7년간은 고등학교 선생님으로 재직했다. 81, 83, 84세에 치른 인지테스트에서 최우수 성적을 거두면서 수녀들 사이에서 소위 스타였다.

그러던 베르나데트 수녀는 85세에 치명적인 심장마비로 사망했다. 사후 뇌가 그녀의 뇌인지 전혀 명시되지 않은 채로 뇌 연구 분석실로 보내졌다.

스노든 박사는 그녀의 뇌를 얼핏 보았을 때 상태가 좋은 것으로 판단했다. 그러나 자세히 들여다 보면서 이상한 점을 발견했다.

알츠하이머가 널리 퍼져 있었으며 해마와 신피질로부터 이마엽까지 온통 엉켜 있었다. 신피질에는 플라크까지 잔뜩 끼어 있었다. 치매의 가장 심각한 수준인 6단계로 진단했다.

스노든 박사는 말했다.

"신피질에 플라크와 매듭이 그렇게 많은 데도 불구하고 뇌 영역의 기능은 믿을 수 없을 만큼 잘 보존된 것처럼 보였다. 신피질이 마치 파괴에 내성을 갖고 있는 것 같았다."

▮ 런던의 체스 교수 이야기 ▮

체스 두기를 좋아했던 교수가 있었다.

그는 체스를 두는 동안 보통 쉽게 일곱 수를 앞서 생각할 수 있었다. 그러던 어느날 그는 자신에게 생기는 변화를 감지했다. 체스에서 네 수 밖에 앞서 생각하지 못했던 것이다.

그래서 그는 유니버시티 칼리지 런던대학교의 신경학 연구소의 신경과의사 닉폭스(Nick fox)의 진료소를 찾아갔다.

검사 결과 어떤 이상도 발견되지 않았다. 교수는 치매의 조기 징후를 발견하는 검사에서 모두 정상으로 진단되었다. 뇌스캔도 정상이었다.

당시 73세의 교수는 계속해서 체스를 두고 역사책을 읽고 조리과정이 복잡한 요리를 만들고 가족의 재정관리를 책임지며 컴퓨터를 배우기도 했다.

계속 뇌스캔을 받았지만 심각한 변화는 탐지되지 않았다.

그로부터 2~3년 뒤 뇌와 무관한 원인으로 사망한 그의 뇌 부검결과 알츠하이머의 플라크와 엉킨 매듭 투성이가 드러났다.

교수는 치매 말기였던 것이다. 그러나 그에게 드러났던 징후는 체스를 네 수밖에 앞서 생각할 수 없었다는 것뿐이었다.

《가장 뛰어난 중년의 뇌》_바버라 스트로치(북하우스 퍼블리셔스) 중

오십대의 내가
두 번째 스무 살의
나에게 해 주는 이야기

병은 치료보다 예방이다.
뇌를 건강하게 하는 생활습관은 치매로부터 나를 지켜주는 예방백신이다.
독감예방주사를 맞았다고 해서 반드시 안 걸리지는 않지만 수월하게 지나갈 수 있다.
오래 살 수밖에 없는 고령화시대, 각자가 자신의 뇌 건강 트레이너가 되자!

| 추천하는 책 |

《나는 치매걸린 의사입니다》 하세가와 가즈오(라이팅하우스)

《가장 뛰어난 중년의 뇌》 바버라 스트로치(해나무)

NO 30.

. . .

이제부터 다시 시작

　　강민호 작가의 《어나더레벨》에 '성공한 사람들의 거짓말'이란 얘기가 있다. 성공한 사람들이 거짓말쟁이라는 것이 아니라 성공한 이들의 자기계발서가 태생적으로 가질 수밖에 없는 오류를 말하고 있다.

　　어느 정도 성공한 위치에서 쓰게 되는 자기계발서에서 과거를 돌이켜 볼 때, 지금 와서 생각하면 나름 행복한 고생이었다는 이야기들을 많이 한다. 당시는 너무 힘들었지만 그런 과거가 없었다면 지금의 나는 없었을 거라는 천편일률적인 이야기들을 한다.

　　"여유있는 마음을 가져라."

“아무리 형편이 힘들어도 부정적인 생각을 갖지 말고 매사에 긍정적으로 생각해라.”

“사소한 것에도 감사하며 감사일기를 써라.”

“형편이 어려워도 먼저 베푸는 마음으로 행하면 성공이 따라온다.”

《어나더레벨》을 읽으면서 찔끔했다. 나 역시 그런 오류를 범하고 있는 게 아닐까?

5년 전을 더듬어 생각해 볼 때 이젠 비교적 담담하게 “그땐 그랬지.”하며 말할 수 있지만 당시는 그럴 여유가 전혀 없었던 것이 사실이다. 지금이야 그렇게 이야기할 수 있지만 그때도 그런 마음을 가질 수 있었을까? 솔직히 자신 있게 그렇다고 말하기는 힘들다.

자기계발서는 그런 점을 감안하고 읽어야 한다. 거짓을 말하려고 해서 그런 게 아니라 내 책을 읽는 누군가에게 도움이 되고자 하나라도 더 좋은 것을 주고 싶은 마음에서 빚어지는 오류다.

이 책을 마무리하는 지금, 세상의 잣대로 성공했다고 말하기 힘들지만 분명 힘든 구간 한 마디는 통과했다고 말할 수 있다.

5년 전 당시로 돌아가 보면 세상의 짐을 모두 짊어진 것처럼 내 삶은 어둡고 칙칙했다. 아침에 눈을 뜨면 아이가 교복을 입고 학교에 가는 평범한 삶이 내게 허락되지 않았다.

둥근 해가 떴건만 내 마음은 해 뜨기 전 칠흑 같은 어둠이었다. 눈을 뜨고 싶지 않았다. 오늘은 또 얼마만큼 힘들까 한숨부터 나왔다.

등교 거부를 하는 아이로 인해 대학 진학은 저 멀리 내 손이 안 닿는 무지개가 되어 버린 지 오래였다. 아이가 평범한 고등학생과 다른 시간을 살게 되면서 교복만 보면 눈물이 났다. 평범한 일상이 특별하게 될 때 무엇보다 마음이 아프다는 것을 실감했다.

아침이면 어김없이 걸려오는 담임 선생님의 가라앉은 음성의 전화를 받는 게 힘겨웠다. 감사할 형편이 아니어도 긍정적인 생각으로 감사를 하라는데 도무지 되지가 않았다.

모든 것이 마음먹기에 달렸다고 하지만 내 눈앞에 펼쳐지는 것을 바라보면서 인내심으로 버티기에는 나 자신이 너무 속물이었다. 그래서 환경을 아예 바꾸었다. 학부모에서 1인사업가로 환경 세팅을 바꾸면서 학부모 자리를 내놓았다.

대학 진학을 하지 않겠다는 딸이기에 입시에 대해서는 아예 스위치를 꺼 버렸다. 학부모 그 누구와도 연락을 끊고 자의반, 타의반 섬이 되었다. 자기계발과 사업에만 매달렸다. 살기 위해서 다른 한쪽은 스위치를 내렸다.

당시 집안이 뒤숭숭하고 경제적으로 어려웠던 터라 대학에 진학하지 않겠다는 딸의 선언이 내심 반가웠는지도 모른다. 공부를 열심히 한다면 땡빛을 내서라도 뒷바라지하겠지만 학원에 월세와 전기값 내주러 다니는 것은 안 하고 싶었다. 게다가 오십 넘어 사업을 시작한 내가 입시 뒷바라지를 하면서 두 마리 토끼를 쫓는 것은 불가능했다. 속은 쓰리지만 딸의 선언을 수용할 수밖에 없었다.

딸은 열리지 않는 방 안에 기숙하는 하숙생이었고 엄마인 나는 하숙집 주인 아줌마처럼 각자의 시간을 살았다. 대신 딸에게 이 세상에는 대학 진학이라는 일방통행이 아니라 다른 길도 있음을 엄마인 내가 증거가 되어 보여주고 싶었다. 딸에게 아무 도움도 못 되는 엄마였지만 그런 방식으로 딸의 인생에 디딤돌이 되어 주겠다고 결심했다.

고 3이 되어 본격적인 입시가 시작될 무렵 딸의 방문이 소리 없이 열렸고, 딸은 대학 진학을 하겠다고 마음을 바꿔 자기만의 수시전형을 준비했다. 느닷없는 선로 변경이 놀라웠지만 이제 와서 내가 해 줄 것은 아무것도 없었다. 모르는 척 지켜보면서 내 일에 집중하는 것이 최선이었다.

어려서부터 영어책을 많이 읽었던 아이는 토익점수로 대학을 가는 수시전형을 찾아내고 준비했다. 토익 만점이면 승산이 있다고 했다. 가능성이 희박해 보였지만 내색을 하진 않았다. 스스로 길을 찾아서 가는 것인만큼 과정에서 얻는 것이 분명 있을 거라고 믿었다.

내가 해 준 것은 미숙한 운전 솜씨로나마 토익시험을 보는 날 아침 시험장으로 데려다준 게 전부였다. 만점의 토익점수를 받아놓고 수능날이 되어 엄마인 난 수능 도시락을 싸고 아이는 시험장으로 향했다.

　수능 원서를 쓸 일도, 더군다나 수능 도시락을 싸는 일이 내 인생에 없으리라고 생각했는데 그것을 할 수 있다는 사실만으로 감사했다. 아무 일 없이 대입 레이스를 치뤘다면 이 정도의 감사는 가당치도 않았겠지만 남들과 다른 시간을 살아온 고 3 엄마에게 결승점이 보인다는 것 자체만으로 감격스러운 순간이었다.

　결국 딸은 토익점수로 대학에 진학했고 대학생이 되었다. 손녀를 누구보다 애지중지 사랑하는 엄마는 말씀하신다. "걔가 효녀다. 이제 와서 말이지만 공부도 제대로 안 하면서 대학 가겠다고 했으면 네가 어떻게 사업을 했겠니? 학원 라이드에 사교육비로 허리가 휘었을 테고…."

　결과를 놓고 다시 과거로 돌아가면 힘들었던 순간들이 새롭게 해석된다. 피를 말리는 축구 경기도 결과를 알고 나서 보면 재미있는 경기가 되는 것처럼 미래를 알고 나서의 과거는 미화되기 마련이다. 지금 와서 생각하면 웃으면서 이야기할 수 있지만 그때는 웃음은커녕 길거리를 걸으면서도 울면서 다녔다.

　우리 모녀가 남들과 다른 시간을 살면서도 터널을 빠져나올 수 있었던 것은 평행선같은 각자의 레일을 걸었기 때문이라 생각한다. 내가 있는 곳이 밖으로 나갈 수 있는 터널이기를 바랐지만 안으로 들어갈수록 다시는 나갈 수 없는 동굴같아 두려웠다.

힘들더라도 끝이 있음을 믿으면 견딜 수 있다. 내게는 2024년이 하나의 마디를 짓는 마감 시한이었다. 그때가 되면 마감을 짓고 나갈 수 있으리라 자신을 세뇌시켰다.

결국 학부모의 계절은 끝났고, 두 번 다시 만날 것 같지 않은 평행선 같던 기찻길도 어느 지점에서 만났다.

구십을 바라보는 할머니, 반백년 인생을 살고 새로운 삶을 꿈꾸는 엄마, 이제 성인이 되는 이십대의 딸, 우리 모두는 각자의 시간 속에 서로에게 보이지 않는 영향을 주면서 인생 그림 에세이 《딸이 찾아주는 엄마의 그림책》을 만들었다.

우리는 이제 겨우 마디 하나를 만들었을 뿐이다. 앞으로 또 얼마 만큼의 마디를 만들어 나갈지 기대된다. "애벌레에게 끝이 나비에게는 시작"이라는 베르나르 베르베르의 말처럼 누군가에게는 끝이라고 생각되는 순간이 또 다른 누군가에게는 새로운 시작이 될 수 있다.

오십대의 내가
두 번째 스무 살의
나에게 해 주는 이야기

끝은 동시에 새로운 시작이다.
한번에 한다고 생각하면 엄두가 나지 않지만 끝
과 시작을 연결해 가면서 하나씩 마디를 만들어
가면 가능하다. 대나무가 바람에도 굳건한 것은
마디가 있기 때문이다.
우리의 인생 마디를 하나씩 만들어 보자.

| 추천하는 책 |

《꽃들에게 희망을》 트리나 폴러스(시공주니어)

　꽃들은 제각각 자기만의 방식으로 자신의 때에 맞추어 꽃을 피운다.

　꽃들은 결코 다른 꽃을 시샘하지 않는다.

　누군가에게 끝이라고 생각되는 순간이 다른 누군가에게는 새로운 시작이 될 수 있는 것처럼 우리들이 살아갈 인생은 각자 다른 모습이다.

　마디 하나 지었다고 끝이 아니고, 그 마디가 끝남과 동시에 새로운 시작이다. 그러니 하나의 마디가 잘못되었다고 해서 실망하지 말자.

　우리에게는 수많은 마디가 기다리고 있다.

꼬알여사님 궁금해요

Q1. 똥손인데 어떻게 컬러링북을 만들 수 있었나요?

꼬알여사는 그림을 정말 못 그리는 똥손입니다. 그런데 어떻게 컬러링북을 만들 수 있었냐고 많은 분들이 물어 보십니다. 그림을 꼭 손으로만 그려야 할까요? 저는 그림을 머리로 그립니다. 상상하고 머리로 기획한 것을 구도잡아 작가님께 전달합니다.
"이렇게 그려주세요."
단 작가님과 소통이 잘 되어야 한다는 것이 필수 조건이죠. 앞으로 AI가 그림을 그려주는 시대에는 머리로 그림을 그리는 능력만 있으면 얼마든지 더 많은 그림을 그릴 수 있을 거라 생각합니다.

Q2. 50대에 새로운 도전을 하려면 나이가 걸림돌이란 생각을 많이 하셨을 것 같은데 나이를 어떻게 극복하셨나요?

여전히 나이를 극복한다는 것은 어렵고 녹록치 않아 보여요. 나이 오십을 넘으니 많은 면에서 딸리는 점이 많았습니다. 체력이 떨어지는 것은 물론 날로 발전하는 IT 기술을 습득하는 데 어려움이 있어 나이가 걸림돌이란 생각을 많이 했어요. 어차피 그렇다면 먹은 나이가 도움이 되는 건 뭐가 있을까 생각했어요.

경험과 연륜은 나이가 들수록 점점 무르익을 뿐만 아니라 여기에 호기심과 상상력이 녹슬지 않고 보태지면 액티브 시니어만의 컨텐츠가 되겠다는 생각을 했습니다. "잘 물든 단풍은 화사한 봄꽃 못지않게 아름답다."는 말이 있어요.

시니어 관련 사업은 나이든 사람이 하기에 더 유리합니다. 나이가 걸림돌이 아니라 경쟁력이 될 수 있습니다. 고객을 잘 알고 고객과 함께 나이들어 갈 수 있어 사업을 계속하는 데 어려움이 덜할 것으로 보여요.

Q3. 고등학생 자녀를 둔 학부모로서 전업주부가 사업을 하기 쉽지 않았을 텐데 어떻게 조율하셨나요?

아이의 성향에 따라 부모의 밀착 관리가 필요한 경우가 있고 반대의 경우도 있는 듯합니다. 저희 아이는 극심한 사춘기로 부모와 거리가 필요한 상태였기 때문에 엄마가 자기 일을 하는 게 더 나은 선택이었습니다. 아이를 바라보며 주변에 머물렀다면 서로 사이가 더 나빠지고 자기 길을 찾는 데 더 어려움을 겪었을 듯해요.

그러나 엄마가 자기 길을 가면서도 아이에 대한 시선을 거두지 않았던 것처럼 아이도 내내 엄마의 뒷모습을 보고 있었던 듯합니다.

고등학생 자녀를 둔 엄마들은 자녀의 수능 이후를 자유로워지는 출발점이라고 생각하는데 저는 그때까지의 시간을 자유로운 삶을 준비하는 여정이라고 생각했습니다.

Q4. 도대체 무엇을 해야할지 모르겠는데 어떻게 나만의 사업 아이템을
찾을 수 있을까요?

거창한 목표를 가지고 시작하려면 더 막막하겠죠. 우선 나 자신을 알아야 합니다. 내가 어떤 성향이고, 어떤 걸 좋아하고, 무엇을 잘 하는지. 나에 대한 치열한 고민에서 시작해야 하는데, 저의 경우는 시작점은 독서였습니다.

그렇게 나를 알았다면 멀리에서 찾지 말고 내 주변에서 할 수 있는 작은 것부터 찾아서 일단 시작해보는 것이 좋다고 생각해요.

고령화시대에, 예를 들어 시니어 사업이라고 한다면, 부모님을 고객이라고 생각하고 고객의 니즈와 불편함에서 사업 아이템을 찾아 보세요. 그리고 나 자신이 점점 나이 들어갈 때 어떤 도움이 필요할지 생각해 보세요.

점점 1인가구가 늘어가는 사회 변화 속에서 혼자 살게 되면서 겪게 되는 어려움을 덜어줄 수 있는 많은 사업 아이템이 있다고 생각합니다.

힘든 일을 도와주는 가사 도우미 서비스가 일반적이 된 것에 비해 아직까지 심리적 어려움을 도와주는 심적 도우미 서비스는 없는 상태입니다.

제 생각에는 100세 시대 앞으로 미래에는 경제력이 있는 노인은 사람에게 심적 도우미 서비스를 받고 그렇지 못한 노인은 로봇에게 서비스를 받지 않을까 싶습니다.

Q5. 부모님 살아계실 적에 많은 추억을 만들라고 했는데 무엇을 하면 좋을까요?

어버이날이나 명절이면 현금 봉투만 내밀지 않나요? 아무리 부모님들이 가장 선호하시는 것이 현금이라고 해도 용돈만 드리는 것은 삭막하죠. 부모님과 함께할 수 있는 경험을 많이 해보세요. 경험은 두고두고 기억에 남는 추억이 됩니다.

부모님께 컬러링북만 사 드리고 끝내지 말고 함께 색칠하면서 이야기 나누는 시간을 가져보라고 권유하는 이유가 바로 그것입니다.

아이를 키울 때 아이와 함께하면서 행복했던 시간들을 생각해 보면 부모님과 함께 추억을 만드는 것이 어렵게 느껴지지 않을 거에요.

처음이 어색하고 힘들지 자꾸 하다보면 익숙해져서 수월해질 거에요.

함께할 수 있는 경험은 풍성한 이야기거리를 만들어 줍니다. 훗날 부모님과 함께했던 경험들이 내게 남겨진 소중한 유산임을 알게 되지 않을까요?

견디지 말고 준비해 보세요

지금 있는 곳이 동굴인 것만 같았습니다. 처음에는 조금만 가면 빛이 비치는 터널인 줄 알았는데 들어가면 들어갈수록 점점 더 캄캄해지기만 했습니다. 다시는 나가지 못할까 두려웠습니다. 넘어질까 무서워 오도가도 못하고 꼼짝 못하고 있는 시간이었죠.

지금 생각하면 그때의 동굴은 터널이었고 그렇게 동굴이 아닌 터널에 갇혀 힘들어하는 이들이 저뿐만이 아니었음을 이제야 알게 됩니다. 소리를 내지 못하고 있을 뿐….

터널에서 지냈던 시간이 무의미한 시간이었다고 생각지 않습니다. 다시 들어가라고 하면 자신있게 다시 들어가지는 못하겠지만 적어도 이젠 터널 속에 갇혀 힘들어하는 사람들을 위해 멀리서라도 이야기를 들려줄 수 있을 것 같습니다. 그래서 책을 썼습니다.

수십 년을 감옥에 갇혀 지내야만 했던 넬슨 만델라 대통령이 했다는 말이 생각납니다.

"나는 감옥에 있던 수십 년의 세월을 견딘 게 아니라 준비하고 있었던 겁니다."

아무 준비없이 결혼하고 아이낳아 엄마가 되면서 아이와 함께 엄마 나이를 먹었습니다. 그러다 아이의 남다른 사춘기에 십대 아이를 둔 엄마는 갱년기까지 겹쳐 어찌할 바를 몰랐습니다. 반백의 나이였지만 엄마 나이는 겨우 열몇 살이었으니까요. 처음에는 감옥같은 이 시간을 어떻게든 견디려고만 했습니다. 그러다 책을 통해 마음을 바꾸었습니다. 견디지 말고 새로운 삶을 준비하자.

생각이 바뀌면서 삶이 바뀌기 시작했습니다. 리셋한 것처럼 다른 사람이 되었습니다.

상대를 바꾸려고 할 때는 그렇게 힘들었는데 내가 바뀌니 상대는 저절로 조금씩 바뀌어갔습니다. 견디려고 할 때는 더 이상 못 견디고 그만 놓아 버리고 싶었던 순간이 준비하는 시간으로 바뀌니 해볼 만해졌습니다.

나만 혼자 터널에 들어가 있었던 것이 아님을 이제야 깨닫습니다. 나를 힘들게 한다고 생각했던 상대도 함께 터널에 들어가 있었음을….

고난은 그동안 보지 못했던 다른 세상을 보게 해 주었습니다. 고난이 있었기에 사회경험 전혀 없는 모태 전업주부가 사업을 시작할 수 있었고 5년이면 60% 이상이 폐업한다는 어려운 창업 여건 속에도 살아 남았습니다.

내가 가진 것이 아무 것도 없다고 생각되는 분들에게 전합니다. 내가 미처 보지 못해서 그렇지 내 안에는 불러주기를 기다리고 있는 '잠자고 있는 숨은 능력'이 있음을…. 대단한 성공을 바라면 내 안에 있는 숨은 능력이 너무 보잘 것 없어 불러주기 민망하지만 작은 성취부터 쌓아간다면 지금이라도 불러낼 수 있습니다.
모든 것은 사람으로 시작해 사람으로 만들어집니다. 처음이 내 안의 나를 불러내서 시작되듯이 앞으로 만들어가는 여정은 나와 함께할 사람들로 채워집니다.

꽃들은 각자의 시기에 맞게 피고 집니다.

시작에는 빠르고 늦음이 없습니다.

지금 시작해도 당신의 꽃피는 봄은 결국 옵니다.

당신의 시작을 응원합니다.

"인디언들은 한참 달리다가도 멈춰 서서 자기 영혼이 따라오도록 기다린다고 한다. 부교감 신경을 활성화하는 방법이다. 각자의 영혼이 따라오는지 확인하는 회복의 시간을 주기적으로 갖길 바란다."

《부의 통찰》 부아c